KÖNIGIN SOPHIE CHARLOTTE

Frieda von Oppeln

Königin
Sophie Charlotte
von Preußen

Ein historischer Roman

VOLTMEDIA

ISBN 3-937229-26-4

Einbandgestaltung: agilmedien, Köln
Satz & Layout: Bernhard Heun, Rüssingen
Gesamtherstellung:
Oldenbourg Taschenbuch GmbH, Kirchheim

Inhaltsverzeichnis

Einführung

Es war in den achtziger Jahren des siebzehnten Jahrhunderts.

Das Ende des furchtbaren Dreißigjährigen Krieges, des schrecklichsten, der je über Deutschland gekommen war, der eine hohe Kultur und blühende Länder und Städte zerstört hatte, lag nun auch schon lange zurück. Im Frieden von Münster und Osnabrück hatte im Jahr 1648 endlich der Kampf aufgehört. Aber erschöpft waren die Völker, besonders das deutsche daraus hervorgegangen. Denn der Kriegsschauplatz hatte zum größten Teil auf deutschem Land gelegen.

Die Folgen dieses furchtbaren Völkerringens spürte man auch in Kurbrandenburg und den Erbländern, die zum Teil am Niederrhein lagen, trotzdem der große Kurfürst durch Klugheit und die Macht seiner überragenden Persönlichkeit seinem Land, soviel er konnte, an Drangsal und Quälerei durch durchziehende Heeresteile zu ersparen versuchte. Denn zu Ausgang des Krieges war der Verbündete so gefährlich wie der Feind, sie alle plünderten, mordeten und vergewaltigten. Als dann der Friede geschlossen war, die Heere entlassen, durchzogen Räuberbanden das Land, zusammengesetzt aus den schlechten Elementen des Heeres, verroht durch den jahrelangen Krieg. Auch die Schweden fielen wieder ins Land, raubten und brandschatzten, bis der große Kurfürst sie 1675 bei Fehrbellin schlug und nun dem erschöpften Land ein endgültiger Friede beschert war. – Friedrich Wilhelm, weise und gütig, streng und gerecht, benutzte das folgende Jahrzehnt dazu, die Wunden der Vergangenheit zu heilen, Wohlstand und Sitte wieder zu heben. Der Held von Fehrbellin, der als erster den Gedanken einer Flotte für sein Land verwirklichen wollte, dessen Name in Europa und darüber hinaus mit Ehrfurcht genannt und der von seinen Zeitgenossen schon zu Lebzeiten unter die Unsterblichen gezählt wurde, herrschte noch über Brandenburg.

Köpenick

Der kurprinzliche Hof war für einige Wochen von Berlin nach Köpenick übergesiedelt. Das von Wasser umspülte Land, der schöne Baumbestand gaben Kühle an heißen Sommertagen.

Die junge Kurprinzessin Sophie Charlotte sprang über die Steinstufen der Freitreppe hinab. Ihre kleine, ein wenig volle Gestalt gelangte ordentlich mit einem Plumps von einer Stufe zur anderen. Die dunklen, natürlich gewellten, von keiner Puderquaste überstäubten Locken flogen. Die Augen, beweglich und heiter, funkelten über den runden, hübschen Wangen.

„Wenn mich Seine Hoheit, mein Herr Gemahl sehen könnte!" Sie hob die Hände in unterdrücktem Kichern zu dem kinderjungen Gesicht, sprang auf den Kiesplatz vor dem Schloß. Ganz wie in Hannover, ihrer Heimat, kam ihr das vor! Nur, daß sie dort mit ihren Brüdern, drei älteren und drei jüngeren, die Schloßtreppen hinuntergesprungen war. Damals, als man sie noch Figelotte nannte und noch nicht Kurprinzliche Gnaden! Der Herr Schwiegervater, Durchlaucht, hätte wohl über ihre Sprünge geschmunzelt. Er lachte gern, und das stand seinem starken, vollippigen Mund gut. Schade, daß er die unerfreuliche Dorothea von Holstein zur zweiten Frau genommen hatte. Sophie Charlotte hatte den Herrn Schwiegervater und sein heiteres Lachen sehr gern. Friedrich, ihr Gatte, lächelte immer gehalten, würdevoll.

Langsam ging die junge Kurprinzessin jetzt unter den hohen Bäumen bis zum Ufer des Flusses, der sich hier seeartig erweiterte. Der frische Luftzug vom Wasser tat wohl an diesem heißen Augustmorgen. Sophie Charlotte seufzte ein wenig. Nicht nur über die Schwiegermutter in Berlin, es gab sonst noch allerlei. Sie dachte an das, was ihre geliebte Frau Mutter ihr bei ihrer Heirat und bei ihrem Abschied von Hannover als Lebensregel mit auf den Weg gegeben hatte. Eine Fürstin muß sich im Land ihres Gatten selbst ihre Stellung schaffen. Sie muß sich in vieles fügen und an vieles gewöhnen.

Berlin sollte ihr ein angenehmer Ort sein! Auch wenn es nicht London oder Paris war. Zudem kannte sie es ja, seit sie als Vierzehnjährige zum ersten Mal mit den Eltern hier gewesen war, damals als die hochselige Kurprinzessin noch lebte, Friedrichs erste Gemahlin … Eine kleine Falte grub sich in die junge Stirn. Sie entsann sich der farblosen Frau, die ein Schattendasein neben der herrschsüchtigen Schwiegermutter geführt hatte. Ganz plötzlich war sie gestorben, man hatte allerlei über ihren schnellen Tod gemunkelt. Sophie Charlotte fuhr es kalt über den Rücken, trotz des heißen Tages. Nein, sie wollte an diese finsteren, unverbürgten Gerüchte nicht glauben. Um sie selbst sollte alles klar sein, von schönen, hellen Gedanken belebt. Und, sie musste unwillkürlich zurückdenken. Damals war der Kurprinz, der jetzt ihr Gatte geworden war, unsicher, unfrei, wie unter Druck gewesen, als jage ihn Angst. Ganz anders als vor fünf Jahren in Bad Pyrmont, wo sie mit der Mutter war und ihm begegnete … Sie wippte auf den Fußspitzen, reckte sich, als wolle sie sich größer machen. Ob man wohl mit achtzehn Jahren noch wachsen konnte? Am 30. Oktober wurde sie sogar schon neunzehn! Ihr guter Friedrich kam dann würdevoll angeschritten, um ihr Glück zu wünschen. Es wurde ihr ein Gedicht von dem Hofpoeten, Herrn von Besser, überreicht … In Friedrichs freundlichen Augen würde sie warmes Gefühl lesen, für das er selbst nicht die Worte fand …

Sie hörte Schritte hinter sich, Rascheln von seidenen Röcken. Richtig, da kam die Viereck, der sie mit Mühe entwischt war. Kein Mensch liebte Gesellschaft mehr als sie, aber man mußte sie sich aussuchen können! Die Hofdame machte vor der Kurprinzessin den vorgeschriebenen Knicks und überreichte einen Brief.

„Ein hannoverscher Kurier brachte ihn. Ehe ich den Kammerjunker suchte, dachte ich, Euer Gnaden würden ihn so eher erhalten." Sie lächelte. Alle am Hof wußten, mit welch leidenschaftlichen Gefühlen die Kurprinzessin Briefe aus Hannover empfing. Sophie Charlotte nickte freundlich. Sie hatte ungeduldig das Siegel abgerissen, den Brief entfaltet. Ein Brief der Mutter! Zu jeder Zeit waren ihr diese Schreiben aus Hannover wie ein Lebensquell. Sie setzte durch die Briefe der Mutter das Leben ihrer Kindheit, ihrer Heimat fort. Sie nahm teil an allen Ereignissen. Das Wichtigste – wie das Kleinste schrieb ihr die Mutter. Philosophische Betrachtungen, Schilderungen von Hoffesten, die Besuche von Leibniz, die Unterhaltungen der Herzogin von Braunschweig-Lüneburg mit dem großen Gelehrten. Hannoverscher Hofklatsch, alles stand in diesen häufig eintreffenden Briefen, die Sophie Charlotte ebenso regelmäßig erwiderte. Und heute hob sich der herrliche Satz heraus: „Leibniz kommt nach Berlin." Der Herzog, ihr Vater, der den berühmten Mann an seinen Hof zu fesseln gewußt hatte, verwendete den Vielgewandten gern zu diplomatischen Missionen. Keiner konnte so gut wie Leibniz staatliche Schwierigkeiten mit seinen Fingern entwirren, durch kluge Überredung gefährliche Situationen geschickt überbrücken. Um was es sich jetzt handelte, meinte die Tochter Ernst Augusts zu wissen. Aber besser darüber schweigen und Leibniz die ersten Schritte und Worte überlassen. Die Kurprinzessin, die sich auf einer weißen Holzbank zum Lesen ihres Briefes niedergelassen hatte, sprang auf.

„Ich muß nach Berlin. Leibniz kann schon vor den Toren sein. Aber der Kurprinz? Wird er seine Erlaubnis geben?“ Um den Mund der Hofdame kam ein rasches Lächeln. Als Sophie Charlotte es sah, lachte sie auch. Sie wußte, daß dem weichen, gütigen Wesen Friedrichs leicht eine Erlaubnis abgewonnen wurde.

„Seine Kurprinzliche Durchlaucht sind heute schon in der Frühe nach Potsdam geritten“, berichtete die Hofdame. „Ich erfuhr es soeben durch den Herrn Kammerherrn von Canitz.“ Sie verneigte sich nochmals und folgte der rasch vorauseilenden Herrin. Sophie Charlotte lief die eine Seite der Doppeltreppe hinauf, in dem Augenblick, als auf der anderen Seite Doris von Canitz, die Gattin des Kammerherrn und berühmten Poeten und Sophie Charlottes Freundin, hinabsteigen wollte. Die Kurprinzessin schob ihren Arm in den der jungen Frau, durchschritt mit ihr den mit Stuckfiguren reichgeschmückten Saal. Sie freute sich immer wieder an den jugendlichen weißen Leibern, die aus den Wänden herauszuwachsen schienen, dem Saal ein seltsam phantastisches Aussehen gaben. Der Herr Schwiegervater hatte ihn vor kurzem durch Künstler herrichten lassen. Sophie Charlotte nahm mit Vorliebe ihren Weg zu ihren Zimmern durch diesen Raum. In ihrem Schlafzimmer, dessen Fenstertür weit offenstand und auf einen Steinbalkon führte, der über dem Wasser der Dahme hing, wartete ihre Kammerfrau. Die Kurprinzessin schickte sie fort.

„Sie könnten mit mir nach Berlin kommen, Liebste", sagte sie warm. „Ich nähme Sie soviel lieber mit." Den Nachsatz unterdrückte sie. Jede Schärfe lag ihrem Wesen fern. Die junge Freifrau sah verlegen aus. Die lange, ermüdende Fahrt nach Berlin, sie konnte das Fahren so schlecht vertragen. Die Kurprinzessin, lebhaft und unruhig, würde dann in Kürze wieder von Berlin nach Schönhausen, Oranienburg oder in ein anderes der kurfürstlichen Schlösser wollen und sie mitzunehmen wünschen. Doris' Gatte, das wußte sie, fürchtete um ihre zarte Gesundheit und sie wollte ihm diese Sorge, so gut es ging, abnehmen.

„Kurprinzliche Gnaden", sagte sie lächelnd. „Wenn der Freiherr von Leibniz als strahlender

Stern am Berliner Horizont aufgeht, dann haben Sie ja doch keine Blicke für die arme, kleine Doris."

„Sie haben sich wohl die blumenreiche Poetensprache des Gatten ausgeliehen", lachte Sophie Charlotte, „um mir Ihre Absage zu versüßen?" Freundlich, rücksichtsvoll, wie sie stets war, sah sie die Blässe und Zartheit der Freundin. „Bleiben Sie nur hier in unserer stillen Wasserburg, bis ich aus Berlin zurück bin."

Eine halbe Stunde später stand die Reisekalesche der Kurprinzessin vor dem Schloß. Sophie Charlotte winkte Abschiedsgrüße, Doris von Canitz versank in einer lächelnden Verneigung. Neben der jungen Prinzessin saß die Hofdame, gegenüber der Kammerjunker von Bülow. Zwei Kammerfrauen sollten mit dem notwendigen Gepäck der beiden Damen nachfolgen. Der in Gurten hängende Wagen, mit dem kurbrandenburgischen Wappen an den Türen und dem kleinen, vergoldeten Kurhut auf dem Kutschendach, rumpelte durch das schöngeschwungene Portal aus rötlichem Sandstein, das den Park gegen den Wassergraben und die Zugbrücke abschloß. Die Kette drehte sich um die

Winde im Torbogen, die fest gefügten Planken der Zugbrücke fielen herab. Ein Vorreiter voran, zwei Diener auf den Stehbrettern rechts und links der Wagentüren, bewegte sich das Gefährt langsam durch die Gassen des Städtchens Köpenick, das sich rühmte, älter als Berlin zu sein. Seit langem hatte sich die Fürsorge des Großen Kurfürsten dem Straßennetz seines Landes zugewendet. Die Staatsstraße begann jenseits einer Holzbrücke, unweit des Zusammenflusses von Dahme und Spree. Der Wagen der Kurprinzessin ließ die weiten Wasserflächen hinter sich, bewegte sich schwerfällig auf den Windungen der Straße nach Berlin. Die Räder mahlten den Sand der Mark. Bald waren Herrin und Gefolge in einen sanften Schlaf gefallen.

Die junge Kurprinzessin von Brandenburg, aus dem Welfengeschlecht stammend, wurde als drittes Kind dem Herzog Ernst August von Braunschweig-Lüneburg und der Herzogin Sophie in Schloß Iburg bei Osnabrück am 30. Oktober 1668 geboren. Ihre Mutter, eine geborene Prinzessin von der Pfalz und Tochter des sogenannten „Winterkönigs", war eine der geistreichsten und gebildetsten Frauen ihrer Zeit, die Freundin des großen Philosophen Leibniz, den sie an ihren Hof zu fesseln wußte. In dieser Umwelt von hoher Bildung und geistiger Erlesenheit wuchs das junge Mädchen auf, das vom Geschick bestimmt war, die Stammutter einer Reihe bedeutender Herrscher und die Großmutter Friedrichs des Großen zu werden.

Zuerst in Osnabrück, später im Schloß an der Leine, nachdem ihr Vater Herzog von Hannover geworden war, verbrachte Sophie Charlotte einen Teil ihrer Jugend. Ihre Mutter erwähnt in ihren Memoiren, welche Freude sie bei der Geburt der Tochter gefühlt hat, die übrigens die einzige blieb unter den vor- und nachgeborenen Brüdern.

Ein sonniger Schimmer schien über diesen Kinderjahren zu liegen. Sophie Charlotte oder Figelotte, wie die Brüder sie nannten, war noch zu klein, um die schmerzlichen Eheenttäuschungen der Mutter zu bemerken. Sie spielte auf den Terrassen von Herrenhausen, dem Lustschloß bei Hannover, verwöhnt und geliebt von Eltern und Brüdern.

Man brauchte das kleine Mädchen nicht zum

Lernen oder zur Ausübung der Künste herbeizuholen. Sie ergriff jede geistige Betätigung mit Eifer, zeigte ungewöhnliche Begabung, besonders für Musik, und hatte früh schon eine Neigung zu Gesprächen über philosophische und religiöse Fragen. Dabei war sie von überquellender Lebendigkeit und Heiterkeit und mit einem scharfen Verstand begabt. Diese seltenen Fähigkeiten wurden von der Mutter früh erkannt und ausgebildet, unter dem Einfluß von Leibniz immer mehr entfaltet. Dieser zeigte liebevolles Interesse für das kluge und anmutige Kind und hat ihr diese Teilnahme während ihres Lebens treu bewahrt.

Doch die Herzogin begnügte sich nicht damit, die Bildung ihrer Tochter zu Hause zu vollenden. Große Reisen, das bekannte Erziehungsmittel des siebzehnten und achtzehnten Jahrhunderts, wurden auch bei Sophie Charlotte Ereignis. Vielleicht war der geheime Wunsch der Herzogin, manchem Unerfreulichen in Hannover auszuweichen, eine der Triebfedern der ausgedehnten Fahrten, die sie mit der Tochter unternahm. Und wohin reiste man in jener Zeit anders als nach Paris, um vornehme Sitten, Geschmack und Bildung zu erlangen? Die

Herzogin und ihr halberwachsenes Töchterchen zogen freilich auch noch verwandtschaftliche Bindungen nach Paris. Liselotte von der Pfalz lebte dort, der Herzogin sehr geliebte Nichte und Gemahlin von Monsieur, dem Bruder Ludwigs des Vierzehnten. – Ferner hatte sich eine Schwester der Herzogin Sophie, eine hochgelehrte Dame, in ein Kloster bei Paris zurückgezogen und sollte dort besucht werden.

Wie ein Maskenfest kommt uns das Leben an diesem Hof vor, der durch seine äußere Pracht die Augen der Zeitgenossen blendete. Die beiden Braunschweigerinnen kamen gerade in dem Augenblick an, als man große Vorbereitungen für ein Hochzeitsfest traf. – Monsieur, wie der Herzog von Orleans tituliert wurde, hatte nur Sinn für Kleider, Dekorationen, kostbaren Schmuck. Neben dieser weibischen Gestalt die derbe Pfälzerin Liselotte, seine Frau. Der König, kaum sichtbar, wie Zeus hinter den Wolken. Man fragt sich erstaunt, wie eine Mutter ihre Tochter in dieser Umwelt lassen mochte!

Doch die kluge Herzogin von Braunschweig wußte, was sie tat. Es waren immerhin genug

Quellen der Weisheit und Feinheit unter all diesem Gestrüpp, und dann kannte sie ihre Tochter, deren Klugheit und Reinheit. Auch nahm sie die energische Liselotte unter ihre Fittiche. Einstweilen hatte Monsieur, der Herzog von Orleans, noch allerhand an der Kleidung der beiden deutschen Fürstinnen auszusetzen, und die Herzogin, deren Interessen vorwiegend auf geistigem Gebiet lagen, seufzte, daß das Leben am Pariser Hof mit viel Mühen erkauft würde. Einen ganzen Tag begab sich die Herzogin in die Hände einer Pariser Modistin, die sie ankleidete und mit *mouches,* den modischen Schönheitspflästerchen, zierte. Dann endlich war durch Monsieurs Vermittlung die Einladung nach Fontainebleau für Mutter und Tochter gekommen. Bei ihrer Ankunft entschuldigte sich Monsieur, daß sie keine schöneren Zimmer erhielten, aber Madame de Montespan, die allmächtige Maitresse des Königs, habe die besten Zimmer für sich genommen. Sie erfuhren auch, daß sie einstweilen inkognito hier seien und wohl von fern den König sehen, doch nicht von ihm empfangen würden. Es war heiß, und sie verdursteten beinahe – schließlich mußten sie auch allein soupieren.

Durch Vermittlung von Monsieur, der bei allen Torheiten ein gutes Herz besaß, sollte die Vorstellung vor dem König endlich stattfinden.

Als sie nach St. Cloud kamen, warf der Kutscher vor der Tür des Schlosses den Wagen um. Die ganze Hofgesellschaft, Monsieur an der Spitze, stürzte heraus, um die gestrandeten aufzuheben. Monsieur schlug eine drastische Entlastung des Wagens vor.

Dann einen Tag Versailles, die Fontänen sprangen auf Befehl des Königs. An der Hand von Monsieur, der darum bat, Sophie Charlotte ein Geschenk machen zu dürfen und ihr zehn Diamantenknöpfe von hohem Wert, die die neuste Mode an den Ärmeln zu tragen vorschrieb, überreichte, wurden die Damen nun vor den Sonnenkönig geführt.

Die große, persönliche Liebenswürdigkeit Ludwigs machte die vorangegangene Ablehnung vergessen. Er fand Sophie Charlotte schön und sagte lächelnd, man habe ihm mitgeteilt, daß sie auch geistreich sei. Dann fragte er, ob man sie Mademoiselle oder Madame anreden solle. Madame sei ja wohl die deutsche Mode der Anrede für Fürstinnen. Schließlich wollte er der Herzogin Geschenke machen, doch sie wich dem aus, mit der Begründung, daß ihr Besuch dann den Eindruck machen könne, als habe sie deshalb Seine Majestät aufgesucht. Abwehrend entgegnete Ludwig: dies sei seine Gewohnheit gegenüber Personen von Rang. Erstens um diese zu ehren und dann … schloß er mit Selbstbewußtsein, um seine Großmut zu beweisen.

Es kamen nun noch Tage voll Glanz und Rausch für die junge deutsche Prinzessin. Die ganze Verfeinerung jener Zeit schien in diesen französischen Königsschlössern zu wohnen und sich durch die Herren und Damen des Versailler Hofes zu personifizieren. Aber zwischen all diesen Feinheiten und Liebenswürdigkeiten hatte, so kam es ihr vor, ein fester Plan sich geformt, nämlich der einer Heirat Sophie Charlottes mit dem Dauphin, dem Thronfolger. Die Base Liselotte steckte dahinter. Ihr lag daran, eine ihres Landes und ihres Blutes an diesem Hof zu haben, der ihr nie heimisch wurde. Und sollte ihr das gleiche Geschick bereitet werden, wie der armen, braven Liselotte, die fast vor Heimweh starb! Nein, niemals …

Sophie Charlotte verließ ganz zufrieden mit der Mutter alle Wunder von Paris und Versailles. Sie verbrachten noch einige ruhige Wochen bei der gelehrten Äbtissin von Maubuisson, der Schwester der Herzogin von Braunschweig. Diese atmete auf, froh, den Unbequemlichkeiten der Etikette entronnen zu sein, und meinte lachend, sie sei mehr für ein Kloster, als für das Leben am französischen Hof gemacht.

Sie verließen im Hochsommer 1680 Frankreich, um nach Dänemark zu reisen, zum Besuch der Königinmutter, deren Liebenswürdigkeit sie in Paris bezaubert hatte.

Berlin

Mit einem Ruck war die Kurprinzessin hochgefahren. Ein Traum hatte sie weit in die Vergangenheit zurückversetzt. Der Lärm der Räder, das Getrappel der Pferdehufe widerhallten von der Wölbung des Torbogens, durch den die Kutsche einfuhr. Hier, fern vom Mittelpunkt der Stadt, sah es noch recht armselig aus. Kleine, zum Teil strohgedeckte Häuser, standen zu beiden Seiten der engen Gasse. Vor vielen waren noch Dunghaufen. Auch Ställe, vor denen eingehegtes Vieh gehalten wurde, gab es noch. Dazwischen waren stattliche Bürgerhäuser, viele mit mittelalterlichen Giebeln, andere in der neuen, aus Frankreich herübergekommenen Art erbaut, mit ausladenden Linien, die Front mit Putten oder anderen Steinornamenten geziert. Jetzt fuhr der Wagen durch die Dorotheenstadt, den neuesten Teil Berlins, dem man den Namen der Kurfürstin Dorothea gegeben hatte. Dieses Stück Berlin war ein Geschenk des Großen Kurfürsten an seine zweite Gemahlin. Es hatte bis vor einigen Jahren noch zum Tiergarten gehört, in dem der Kurfürst mit seinen Söhnen und seinen Gästen zu jagen liebte. Denn der Wildbestand des Tiergartens war reich an Rehen, Hirschen und Wildsäuen.

Wo der Wagen der Kurprinzessin sich zeigte, flogen die Kappen der Männer von den Köpfen. Die Frauen und Kinder kamen näher, um die junge Kurprinzessin zu sehen. Denn Sophie Charlotte war sehr beliebt. Sie hatte ein natürliches und freundliches Wesen, ihre Wohltätigkeit hatte mancher Arme erfahren. Sie nickte lächelnd einer Frau zu, die an den Wagen getreten war. Die Lakaien waren abgesprungen und standen mit unbeweglichen Mienen. Der Kammerjunker von Bülow lächelte leise. Er war aus Hannover mit der Prinzessin Sophie Charlotte nach Berlin gekommen und an ihr impulsives Wesen gewöhnt, das die Etikette beiseite schob, wo es ging. Die Augen der

Kurprinzessin glitten mit Wohlgefallen über das schöne Gesicht eines Jungen, den die Mutter, einfach und sauber gekleidet, am Handgelenk herbeizerrte.

„Laß ihn nur, Margaret, es schadet nicht, wenn ein Bub seinen eigenen Willen hat. Dann wird er ein rechter Mann." Sie sah in die trotzigen Blauaugen des Jungen. „Es soll dir nichts von der Unterstützung entzogen werden, hab' keine Angst." Sie sah gütig in das sorgenvolle Gesicht. Die Frau hatte nun doch den Jungen vorgeschoben. „Bedank dich bei der gnädigen Frau Kurprinzessin." Er schwieg, eigensinnig, auch ein wenig verlegen. „Trotzkopf", lachte die Kurprinzessin. So sollten Jungen sein! Wenn sie einmal einen Sohn hätte … Da dachte sie an die weiche, jedem Einfluß nachgebende Natur Friedrichs, ihres Gatten, an seine übergroße Güte, seine Natur, in der keine Härte war … Sie gab das Zeichen, weiterzufahren, beugte sich über den Wagenschlag und sagte freundlich: „Ich werde bald nach dir sehen lassen, Margaret." Denn nie hätte Friedrich, trotz seines guten Herzens, erlaubt, daß seine Gemahlin die Etikette soweit verletzte, um in das Häuschen der Dachdeckersfrau zu gehen, deren

Mann vor kurzem bei einem Bau, den der Kurfürst ausführen ließ, verunglückt war. Sie nickte Mutter und Sohn nochmals freundlich zu. Die Lakaien sprangen wieder auf ihre Trittbretter, die Kutsche rollte schneller ihrem Ziel, dem kurfürstlichen Schloß an der Spree entgegen … Wenn ich einmal Kurfürstin bin, sang es in Sophie Charlottes Ohren, dann will ich helfen, wo ich kann. Da sollen Schönheit und Lachen, Musik und alle Künste um mich sein. Ich will sie in dieses Land tragen, in diese Stadt, die mir traurig und öde scheint … Ihr Blick ging über unbebautes Land, das der Kurfürstin Dorothea gehörte. Sie hatte davon Baustellen vorteilhaft an Berliner Bürger verkauft, Felder und Wiesen gut bewirtschaften lassen, eine Meierei angelegt. Alles dies waren ergiebige Einnahmequellen für ihren Privatgebrauch. Denn die Kurfürstin Dorothea sparte, sammelte für ihre sechs Kinder, vor allem für Philipp, den Ältesten, ihren Liebling. Der Markgraf war ein schöner, kraftvoller Jüngling, leichtherzig und leichtsinnig und gegenüber den ehrgeizigen Plänen seiner Frau Mutter wohl ganz unwissend. Diese bezweckten nichts weiter als eine Teilung des Landes zugunsten ihrer Kinder. Zorn und Angst hatten in Friedrichs Augen gestanden, als er der Gattin dies einmal zugeflüstert hatte. Sophie Charlotte dachte, daß der Kurprinz sich dieses Flüstern hätte sparen können, denn es war ein öffentliches Geheimnis am kurfürstlichen Hof. Der gewaltige Herr war alt und krank und wie Wachs, so sagte man, in den Händen der zweiten Frau … Sophie Charlotte lehnte in ihrer Kutschenecke. Immer, wenn sie über die holprige Brücke fuhr und die massige, düstere und dabei ungegliederte Gestalt des Schlosses vor sich sah, überkam sie der leidenschaftliche Wunsch, später einmal nicht darin wohnen zu müssen. Vielmehr sich etwas zu schaffen, heiter, im Grünen gelegen, mit hellen Räumen, darin Kunst und Wissenschaft eine Stätte finden würden. Ein „Buen Retiro“, wo man sich geistigen Dingen zuwendete. Denn dies war das Erbteil ihres Blutes, das ihr von Mutter und Großmutter, den gebildetsten und geistreichsten Frauen ihrer Zeit, mitgegeben worden war, daß sie äußere Dinge, auch Glanz und Prunk, als entbehrliches Beiwerk erachtete und den eigentlichen Sinn des Lebens in der Erkenntnis des Wahren und Schönen suchte. Diese Einstellung des Daseins gab ihr reine, geistige Freuden, die niemand rauben konnte. Nie würde sie es der Mutter und deren großem Freund Leibniz genügend danken können, daß beide sie, als junges Kind schon, auf diese Wege geleitet hatten … Nun würde sie bald wieder vor dem Mann stehen, dem ihr Geist, ihre Seele Unendliches dankten. Langsam schritt sie die Treppe hinauf. Sie dachte an Herrenhausen und daß sie Leibniz zum letzten Mal dort gesehen hatte. Rasche, feste Schritte kamen hinter ihr. Sie wendete sich um. „Der Herr Schwager." Der Markgraf Philipp, des Kurprinzen Bruder, neigte sich höflich über ihre Hand. Sein schönes, bräunliches Gesicht sah ärgerlich und erhitzt aus. Drüben waren die Gemächer des Prinzen Ludwig, des nur um weniges jüngeren Bruder ihres Gatten aus des Vaters erster Ehe. Für die schöne Markgräfin Ludwig, die reiche Radziwill, schwärmte seit ein paar Wochen der Markgraf Philipp. Heftig und plötzlich. Prinz Ludwig, der Gatte, war blass und schwächlich. Die ganze Kraft des Geschlechts schien sich bei dem ersten Sohn, dem Kurprinzen Karl Emil, erschöpft zu haben. Den hatte, im Feldlager von Straßburg, wohin er den Vater begleitet hatte, schön, jung und ritterlich, ein jäher Tod dahingerafft. Man hatte von einem Fieber gesprochen, aber das Ende, schnell und tragisch, war nie aufgeklärt worden. Der Markgraf preßte zornig die Lippen aufeinander. Er wußte, daß seine kluge Schwägerin ihn durchschaute und die Abweisung bemerkte, denn die Prinzessin Ludwig hatte ihn nicht empfangen. Er nannte Sophie Charlotte ein gelehrtes Frauenzimmer – eine Art weiblicher Wesen, vor denen er Angst hatte … Nun würde der große Schönredner, der berühmte Gelehrte aus Hannover kommen, der unter äußerster Höflichkeit ein feines Spottlächeln verbarg. Da würde der Geist funkeln und die witzigen Einfälle nur so über die kurfürstliche Tafel fliegen! … Er machte der Schwägerin eine abgekürzte Verbeugung und verschwand rasch um die nächste Gangecke.

Am Hof von Berlin

Sophie Charlotte hatte die feierlichen Zeremonien, die ihr Gemahl, der Kurprinz, in Vertretung seines erkrankten Vaters bei der Anwesenheit des hochverehrten Gastes aus Hannover angeordnet hatte, in Gleichmut über sich ergehen lassen. In weiser, halb unbewußter innerer Gelassenheit verschwendete sie keine Kraft ihres Geistes oder ihrer Energie für eine einmal nicht zu ändernde Umwelt. Der Kurfürst, von heftigen Gichtanfällen geplagt, die ihn an seinen Sessel im Schloß zu Potsdam fesselten, hatte den Empfang von Leibniz, vielleicht nicht ungern, dem Sohn überlassen. Er betrachtete mit Mißtrauen und Abneigung den Herzog in Hannover und die Beweglichkeit von dessen Frau Gemahlin. Sie hatte das ehrgeizige, englische Blut der Stuarts in den Adern. Wollte sich nicht mit dem Namen einer Herzogin von Braunschweig-Lüneburg begnügen, sondern eine Kurfürstin von Hannover werden. Dazu hatte man den Leibniz nach Berlin geschickt. Kurbrandenburg war ein mächtiger Bundesgenosse. Der Schwiegersohn sollte den Vater für den Plan gewinnen. Der alternde, kranke und leicht erregbare Herr war in viele zornige Worte ausgebrochen. Der Kurprinz, der zu früher Stunde von Köpenick nach Potsdam geritten war, hatte sich unter dem Unwetter im Gemach des Vaters geduckt. Ihm selbst war diese Erhöhung des Hauses Hannover nicht unlieb. Ein Teil des Glanzes fiel auf die Tochter des Herzogs, Friedrichs Gemahlin, und damit auch auf ihn selbst. Diese Gedankengänge erriet der Kurfürst, als er, mit einem leichten Lächeln um die vollen Lippen, dem Sohn nachsah, der nach vielen, ehrfurchtsvollen Verneigungen Abschied nahm. Denn Lachen und Zorn wohnten nah beieinander in der kraftvollen Natur des alten Löwen. Die Tür an der gegenüberliegenden Wand öffnete sich, und eine dunkel gekleidete Frau kam auf leisen Sohlen näher. Das kalte Gesicht, die harten Augen versuchten Wärme auszustrahlen, als der Blick des Kurfürsten sie traf. Es gelang nicht völlig, doch die Stimme klang sanft, als Dorothea sich über den Gatten beugte.

„Hat Euer Hoheit Befinden sich nicht durch Aufregungen verschlimmert?“ Sie konnte bei keiner Gelegenheit, trotz ihrer Klugheit, anklagende oder verletzende Worte gegen den Kurprinzen unterdrücken. Friedrich Wilhelm griff nach ihrer Hand, strich beruhigend mit seiner Linken darüber.

„Wolle mein liebes Herz doch nichts Übles von meinem Sohn annehmen! Ein rasches Wort ist noch kein Streit.“ Sie hatte sich auf einem Schemel, fast zu seinen Füßen niedergelassen. Ihre unermüdliche Bereitschaft an gesunden und kranken Tagen, ihre scheinbare Unterordnung unter seinen Willen, hatten ihm diese Frau unentbehrlich gemacht, ihr einen geheimen Einfluß gegeben. Sie benutzte ihn offen oder versteckt gegen den Kurprinzen und für ihre eigenen Kinder. Ihre ehrgeizige Seele wünschte, daß die Mark Brandenburg aufgeteilt und jeder ihrer vier Söhne einen Teil davon als erbliches Fürstentum erhielt. Vor allem ihr Ältester, ihr schöner, kraftvoller Philipp. Verglich sie ihn mit der schwächlichen Gestalt, die soeben würdevoll das Zimmer verlassen hatte, dann kam ein verächtlicher Zug um ihren strengen Mund. Wollte sie gerecht urteilen, so hatte ihr der Kurprinz, außer durch sein Vorhandensein, keinen Grund zu Klage oder Mißtrauen gegeben. Er war stets höflich zu ihr, freundlich gegen die Geschwister. Auch die junge Kurprinzessin wich jeder Reibung mit der Schwiegermutter aus. Dennoch glomm unter der Decke höfischen Zeremoniells, heiterer Festlichkeiten und scheinbarer Unbekümmertheit ein geheimer Brandstoff.

Der Kurfürst warf das Bärenfell, das er selbst in seiner Jugend in den polnischen Wäldern erbeutet hatte, von den umwickelten Beinen zurück. Er versuchte, das schmerzende Glied aufzusetzen, sank stöhnend zurück. Die verfluchte Gicht! War sie dem Einfluß der häufig überschwemmten Havelwiesen, der feuchten Lage Potsdams zuzuschreiben, oder war sie ein Erbübel seines Hauses? Der Kurfürst machte noch einmal den Versuch zu stehen. Es ging! Da war der böse Feind also im Rückmarsch! Das erste Verlangen seiner kraftvollen, tätigen Natur war, nach der langen Qual der Unbeweglichkeit im geschlossenen Raum aufs zu Pferd zu steigen, sein zweites die Jagd. In seinem Mißmut über den Besuch des hannoverschen Leibniz hatte der Jagdwunsch nicht an die Oberfläche gekonnt. Jetzt jagte ein Kurier nach Berlin. Es sollte dem kurprinzlichen Hof, den Gästen, den in Berlin anwesenden jungen Herren Markgrafen Hofjagd für den folgenden Tag angesagt werden.

Hoffest

Die junge Kurprinzessin stand in lichtblauer Seide, als einzigen Schmuck um den vollen, tief entblößten Hals eine mehrreihige Perlenkette, unter dem Kronleuchter im Alabastersaal, im Gespräch mit Leibniz. Die dunklen, ungepuderten Locken waren hochgetürmt, teils weil es Mode war, aber auch um die Gestalt größer erscheinen zu lassen. Das Licht unzähliger Wachskerzen gab ihrem blassen Gesicht einen weichen, rosigen Hauch. Sie waren die beiden Hauptpersonen des Abends, vereinsamt, wie auf einer kleinen Lichtinsel, zu der alle Blicke gingen und die niemand betrat. Das Gespräch aber ging nicht, wie die meisten glaubten, um philosophische oder naturwissenschaftliche Probleme, und von der Harmonielehre des geehrten und gelehrten Gastes war nicht die Rede. Leibniz mußte von Hannover berichten, gleichsam die Kommentare und Ergänzungen geben zu dem heute morgen eingetroffenen Brief der Mutter. Der große Mann, der Freund der Herzogin, der jede Ecke in Hannover und jeden Gedanken im Kopf des Herzogs kannte, mußte ihr alles berichten, was man jetzt plante. So stand der Freiherr von Leibniz, äußerlich ein Hofherr, in rotem, goldbesticktem Samtrock ehrerbietig vor ihr. Nur in der Haltung des Kopfes, im Ausdruck der Augen lag, wer es verstand zu lesen, die Überlegenheit dieses Mannes über seine Umwelt. Sophie Charlottes Augen hingen an dem geistreich liebenswürdigen Mund, glitten über die verknitterte Haut, die unansehnliche Gestalt, über die Fältchen an Mund und Augen. Die ungeheure Allongeperücke – die Mode vom Hof Ludwig XIV. – ließ die schöne, ungewöhnlich hohe Stirn frei. Sophie Charlotte brannte darauf, Näheres über das Unternehmen zu erfahren, das Leibniz nach Berlin geführt hatte. Sie wußte, ihre Mutter war die Seele dieser Angelegenheit. Obwohl Sophie Charlotte ganz in ihr Gespräch mit Leibniz vertieft war, hatte sie dennoch den dunkel gekleideten Mann bemerkt, der sie nicht zu sehen schien und halb abgewendet einem Hofherrn etwas erzählte. Sie sah, wie er ihr näher kam, bis in Hörweite, Danckelmann, ihres Gatten einstigen Erzieher. Sie haßte ihn und seinen starken Einfluß auf Friedrich, ein Einfluß, der sich stets gegen sie kehrte. Doch war er es gewesen, der ihre Heirat mit dem Kurprinzen bewerkstelligt hatte. Sie fand ihn auf allen ihren Wegen! Wollte er jetzt ihr Gespräch mit Leibniz ausspionieren? Sie wußte, sein Mißtrauen wendete sich gegen den Plan, Hannover die Kurwürde durch die Hilfe Brandenburgs zu verschaffen. Sie kannte und fürchtete Danckelmanns Vorwurf gegen sie: ihre angeblich stärkere Anteilnahme an ihrer alten Heimat als an dem Land ihres Gatten ... Ihre Augen begannen zu glühen, der Ausdruck ihres Gesichts veränderte sich so sehr, daß Leibniz sie erstaunt, ja befremdet ansah. Da schlug sie lachend den Fächer in die Fläche ihrer linken Hand. „Die Kerzen über uns tropfen, ich spüre schon das Wachs auf meiner Hand", log sie ein wenig. Sie zeigte Leibniz ihre Linke, in die der Fächerschlag rote Striemen gezogen hatte. „Ein naturgeschichtliches Kuriosum", sagte er ernsthaft. „Darf ich Euer Kurprinzliche Gnaden von diesem gefährlichen Element wegführen?“ Sie nickte, legte ihre Fingerspitzen in seine Hand und schritt mit ihm zu einem Kabinett zur Linken, von dem er den Vorhang weit zurückschlug. Er hatte sie verstanden, hier war man sicher vor unerwünschten Hörern.

„Der Augenblick ist noch nicht gekommen“, sagte er leicht. „Ich spüre es in der Luft des kurbrandenburgischen Hofes. Seine Durchlaucht der Kurfürst ist dem Plan abgeneigt und Euer verehrter Gemahl …“

„Ist in den Händen von Danckelmann und hat keinen eigenen Willen.“ Sie stieß diese Worte zornig heraus. Vor dem Mann, dessen kluger Blick sie hielt, brauchte sie ihre Gedanken nicht zu verstecken. Er war auf ihrer Seite. Leibniz wußte auch, daß nicht allein Danckelmanns Widerstand gegen die Pläne der Herzogin von Braunschweig die Kurprinzessin erregte. Auf dem Grund ihrer Augen meinte der Scharfblickende Tränen zu sehen. Danckelmann steht zwischen ihr und ihrem Gatten, wußte er plötzlich. Wunderlich, der Haß in dem jungen Gesicht, dachte er. Seiner abgeklärten und vorurteilsfreien Seele war der Haß, war die Intrige fern. Wenn er seine diplomatischen Fähigkeiten in den Dienst des hannoverschen Hofes stellte, geschah es aus wahrer Freundschaft für die kluge, geistig hochstehende Frau, die Herzogin von Braunschweig, seine Freundin und Gönnerin, die in ihrer schwerfälligen Umwelt ihn einzig anzog. Mit niemandem konnte man sich besser unterhalten, philosophische Fragen aufrollen, als mit ihr. Die Tochter wurde ihr darin immer ähnlicher, schien die Mutter fast zu überflügeln. Die beiden Sophien, dachte er lächelnd ... Danckelmann hatte, als er sich Sophie Charlotte näherte, den Kammerherrn von Kolbe verlassen. Der geschwätzige Hofmann war ihm unangenehm. Er sah mit halbem Blick, daß dieser sich jetzt an den Kurprinzen heranmachte. Danckelmann begriff es nicht, daß seine platte Schmeichelei dem Kurprinzen gefiel. Und doch schien es so. Sein ehemaliger Zögling sah nur die glänzende Fassade dieses Mannes. Woher dieser die Mittel nahm, eine Rolle am Hof zu spielen, ein Haus zu erwerben, ein zweites* am Ufer der Spree

* Das spätere Schloß Monbijou.

sich bauen zu lassen, wußte niemand. Sicherlich nicht von der Mitgift seiner Frau. Die aus der untersten Volksschicht Stammende war die Tochter des Kneipenwirtes Rickers zu Emmerich am Rhein. Lange war sie Kolbes Geliebte gewesen, ehe er sie ehelichte. Ob Seine Kurprinzliche Gnaden wußte, daß die schöne Katharina in ihrer Jugend in der väterlichen Schenke die Rheinschiffer bedienen mußte? Sie würde nie bei Hof vorgestellt werden, solange er, Danckelmann, etwas beim Kurprinzen galt. In seiner schroffen, unverbindlichen Art hatte Danckelmann dem Verhaßten den Rücken gewendet. Wenn auch der Kurprinz die offenen und versteckten Schmeichelreden Kolbes scheinbar von sich abgleiten ließ, Danckelmann kannte ihn zu gut, um nicht zu wissen, wie sehr die Bewunderung dem schwankenden Selbstgefühl Friedrichs wohltat. Er, Danckelmann, hatte seinen früheren Zögling nicht mit Bewunderung verwöhnt! So lange er Einfluß besaß, und den verlor er wohl nie, wollte er schon dafür sorgen, daß Kolbe nicht zu sehr ins Kraut schoß, seinem Einfluß auf den Kurprinzen Grenzen gezogen blieben … Wo aber waren die Kurprinzessin und der Ehrengast aus Hannover? Die Paare ordneten sich schon zum Zug Richtung Festsaal, in dem die Tafeln aufgestellt waren. Da kamen, die Danckelmanns Blick suchte, aus dem Kabinett zur Linken, eifrig im Gespräch, ohne ihn zu bemerken. Unerträglich schien es dem Ehrgeizigen, daß wichtige Dinge um ihn vorgingen, die er nicht leiten, in die er nicht eingreifen sollte. Sein strenger Mund preßte sich zusammen, als er die Kurprinzessin und Leibniz über die Schwelle des Festraumes mit den Blicken begleitete …

Der Markgraf Philipp hatte sich an der Festtafel im großen Alabastersaal absonderlich gelangweilt. Sein Platz war, anstatt neben der Prinzessin Ludwig, der heimlich angebeteten Schwägerin, an der Seite einer ältlichen Braunschweiger Prinzessin gewesen. Auch saß die Prinzessin Ludwig auf der gleichen Seite der langen Tafel wie er, so daß er nicht einmal einen Blick von ihr bekam! Seinem Ärger durch ein paar leichtfertige Späße Luft zu machen, ging auch nicht. Denn ihm gegenüber saß der aufgeblasene Gelehrte, der Leibniz, der sich einmal über die liederlichen Gespräche am Berliner Hof abfällig geäußert hatte. Außerdem, wozu für die alte Braunschweigerin seinen Witz verschwenden! Plötzlich kam ihm das Erinnern, daß der Herr Vater morgen die Hofjagd in Potsdam befohlen hatte! Da würde er ja die Bewunderte sehen, mit ihr reiten! Sein Mißmut verflog. Die ganze knabenhafte Liebenswürdigkeit seines Wesens kam zur Oberfläche. Die Braunschweigerin sah ihn erstaunt an, denn er fing an, sie aufs angenehmste zu unterhalten.

Der große Kurfürst

Nach einem Kuperstich von P. Kilian nach M. Merian

Potsdam

Auf dem großen, sandigen Platz vor dem Potsdamer Stadtschloß versammelten sich die Gäste des Kurfürsten, der Hof, die Offiziere, die meisten schon zu Pferd, die Damen in langen, weiten Reitröcken, den kleinen Hut auf blondem oder dunklem Haar. Die Prinzessin Ludwig, geborene Prinzessin Radziwill, sah bezaubernd aus. Sie führte mit dem Dichter und Legationsrat von Canitz ein heiteres Gespräch. Der stattliche Mann gab ihr höfliche Antworten, seine eigentliche Aufmerksamkeit aber war der zarten blonden Frau zugewendet, die ihr Pferd neben ihm hielt. „Doris", flüsterte er besorgt, „du hättest die Isabelle nicht nehmen, überhaupt besser zu Hause bleiben sollen." Ein leidenschaftlicher Blick ging zu ihr.

„Immer noch Flitterwochen", lachte die Prinzessin Ludwig. Sie lächelten zurück, sie wußten, es war freundlich gemeint. „Ihr habt es gut ...", begann sie einen Satz, dessen Ende unvollendet blieb. Denn die Aufmerksamkeit aller Anwesenden richtete sich auf die drei Reiter, die jetzt vom Marstall herkommend, vor die Rampe des Schlosses ritten und dort haltmachten. Jetzt mußte der Kurfürst jeden Augenblick herauskommen. Oben auf der Rampe standen die Kurfürstin, die Kurprinzessin, die an der Jagd nicht teilnehmen sollte, aufgrund einer noch unsicheren Hoffnung, die ihr Schonung gebot. Die fürstlichen Damen würden mit Leibniz und ihrem Gefolge der Jagdgesellschaft nachfahren. Sophie Charlotte, unruhig und ungeduldig über das lange Stehen in der heißen Septembersonne, beugte sich über die Balustrade und sah gerade in die Augen des Landgrafen Friedrich von Hessen-Homburg. Sie nickte ihm freundlich zu. Er war ein besonderer Mensch, keine Kriegsgurgel wie der Dessauer, sondern voll höherer Gedanken und Pläne, wie sein scheinbarer Widerstand bei Fehrbellin bewiesen hatte. Neben ihm hielt der Fürst Johann Georg von Dessau, des Kurfürsten Schwager. Der dritte der Herren war der Prinz Moritz von Nassau, Komtur des Johanniterordens zu Sonneburg. Alle drei waren einflußreiche Persönlichkeiten und standen Seiner Gnaden sehr nahe. Mit ihnen würde der Kurfürst unter Leitung des Oberjägermeisters und der Piköre die Jagdgesellschaft führen … Fast neidisch sah Sophie Charlotte dem glänzenden Zug nach. Ein buntes, lustiges Bild in der Frühherbstsonne. Sie hatte sich tief vor dem Schwiegervater verneigt, ihm ihre Freude über seine Genesung ausgedrückt. Der Kurprinz ritt vorbei, viel besser zu Pferd, als sein Halbbruder Philipp von ihm behauptete. Er grüßte zu ihr hinauf. Canitz verneigte sich tief, Doris gab ihr ein liebes Lächeln. Sonderbar, wenn ein Mann sie nicht durch Geist und Originalität einnahm, dann war ihr der Umgang mit Frauen lieber. Ihre teure Doris, ihre Hofdamen, die liebe Pöllnitz, die Krosigk, sie alle waren ihr Freundinnen geworden. Warum eigentlich hatte sie die beiden nicht gleich mit nach Köpenick genommen? Freundin war ihr auch Madame de Montbail geworden, die vornehme Hugenottin, eine von den vielen, die um ihres Glaubens willen Frankreich nach der Aufhebung des Edikts von Nantes fluchtartig verlassen hatten, um sich und ihre Kinder vor den Verfolgungen der herrschenden Kirche zu retten. Hinter den übrigen Damen hatte Sophie Charlotte die schlichtvornehme Gestalt der Madame de Montbail in dunkler Kleidung bemerkt und ihr freundlich zugenickt.

„Ein Ruhmesblatt mehr in der Geschichte des großen Fürsten, daß er diesen Verfolgten Schutz und Heimat gab", sagte eine Stimme hinter der Kurprinzessin. Leibniz, wie oft Leser ihrer Gedanken, sah sie freundlich an.

„Wenn das Geschick mir einen Sohn schenken würde, dieser Frau möchte ich seine Erziehung anvertrauen", sagte sie versonnen.

„Einer Ausländerin?" fragte Leibniz bedenklich.

„Diese vornehmen Hugenotten, die der Kurfürst aufnahm, das heißt, die, welche um ihrer Überzeugung willen ihr Land verließen, hatten noch die Eigenschaften ihrer fränkischen Ahnen und deren Herrentum und noch nichts von den Galliern angenommen. Sie werden einmal unsere besten Landeskinder werden", erwiderte sie temperamentvoll. „Sie bringen uns, was uns hier fehlt, ergänzen uns. Menschen, denen ihr Glaube höher steht als selbst die Heimat, sind jedem Land ein Gewinn.“ Leibniz sah sie erstaunt an. Er hätte in Sophies, der Philosophin Tochter, nicht dieses starke Religionsgefühl vermutet. Leibniz dachte: Und diese Verfolgungen Unschuldiger, die Zerstörung der herrlichen Pfalz, ihrer Mutter Heimat, andere Grausamkeiten Ludwigs können die Bewunderung Europas für ihn nicht vernichten! Gibt es einen Hof, auch bei seinen Feinden, der nicht den von Versailles nachäfft? Ein Lächeln bog ihm die Mundwinkel. Es war nicht Ort und Zeit, darüber zu reden. Würde ihm nicht die Antwort kommen, daß er selbst ja in der Sprache des Feindes redete und schrieb! Daß die Verfeinerung von Sprache und Sitte von drüben kam. Und doch: Mochte die Redeweise seines eigenen Volkes noch auf polternden Holzschuhen gehen, er, Leibniz, liebte diese Sprache und ihre Kraft. Wann würde dieses Deutsch das fremde Flickwerk abwerfen und Sprache der Gebildeten werden?

Berlin

Am 9. Mai 1688 wehten Trauerfahnen über dem Schloß von Berlin. Es schien nicht möglich und war doch Wirklichkeit. Friedrich Wilhelm, den die Welt den Großen nannte und dem sein Volk mehr zu danken hatte als irgendeinem seiner Fürsten, war einem Größeren erlegen, lag tot in Potsdam. Was kam nun, wie würde der neue Herr sein? Die Bürger der Stadt fragten es leise, leiser noch die Minister, die kurfürstlichen Beamten, die Herren und Damen des Hofes. Vor allem jene, die aus Ergebenheit oder Eigennutz zum Kreis der Kurfürstin Dorothea gehörten.

Der Kurprinz hatte sich in den letzten Tagen des sterbenden Herrn nur als Sohn, nicht als der künftige Kurfürst gezeigt. Dies sagten alle, die sein blasses, kummervolles Gesicht im Vorbeigehen erblickt hatten, wenn er täglich den kranken Vater besuchte oder von ihm kam. Über alle Mißverständnisse und Zwistigkeiten hinaus hatte sich das starke Gefühl zwischen Vater und Sohn behauptet. Der Kurfürst hatte seine segnende Hand auf das Haupt des guten Sohnes gelegt. Bis zuletzt waren Friedrich und Sophie Charlotte bei dem Sterbenden geblieben. Im Potsdamer Stadtschloß, nicht in Berlin, hatte Friedrich Wilhelm am 9. Mai 1688 seine Augen geschlossen. Die junge Kurfürstin, die im Spätsommer dieses Jahres ihrer Niederkunft entgegensah, hatte sich sofort nach dem erschütternden Ereignis vom Sterbebett des Kurfürsten zurückgezogen. In steinerner Haltung, mit tiefgesenktem Haupt, kniete die Kurfürstinwitwe Dorothea, in fassungslosem Weinen, ihre sechs Kinder am Lager dessen, von dem allein ihnen Hilfe und Fürsorge für die Zukunft zu kommen schien. Eine Hand hatte sich auf der Kurfürstin Schulter gelegt. Sie wendete den Kopf, der neue Herr stand vor ihr. War der Augenblick schon da, der ihr und ihren Kindern Verstoßung und Verarmung brachte? Aber sie blickte in gütige Augen, deren Lider noch gerötet von Tränen um den toten Vater waren.

„Fürchtet nichts Übles von mir, Frau Mutter", sagte seine leise Stimme. Es war das erste Mal, daß Friedrich ihr den Mutternamen gab. War hinter dem, was sie für Böswilligkeit des Schwachen gehalten hatte, die Güte einer weichen, zaghaften Natur verborgen gewesen? Erschüttert beugte sich die stolze Frau über die schöne, feine Hand ihres Stiefsohnes, der sie freundlich aufhob …

Ein Raunen ging durch das Schloß von Berlin, daß wenige Tage vor dem Tod des Kurfürsten die weiße Frau sich dem Sohn gezeigt haben soll …

Die Beisetzungsfeierlichkeiten, mit denen der junge Kurfürst, der sich Friedrich III. nannte, unter Entfaltung von großer Pracht das Andenken seines Vaters geehrt hatte, lagen schon um Monate zurück. Von den Fahnenstangen wie von den Achselschleifen der höchsten wie niedrigsten Hofangestellten waren die Trauerflore verschwunden. Auch die Damen, mit Ausnahme der Kurfürstinwitwe und ihrer jungen Töchter, trugen wieder bunte Kleider.

Der Kurfürst hatte sein Wort eingelöst. Die Kurfürstin Dorothea lebte in freiwilliger Zurückgezogenheit auf ihrem Witwensitz. Die Halbgeschwister Friedrichs waren nach ihrem fürstlichen Stand versorgt und untergebracht. Der älteste, Philipp, hatte den Titel eines Markgrafen von Schwedt erhalten. Es war, als wolle der neue Herr sich allerwärts Freunde gewinnen.

Die Kurfürstin Sophie Charlotte, die düstere Trauergewänder haßte, erschien jetzt wieder in heller Kleidung bei der Abendtafel und den geselligen Veranstaltungen. Stahlblau und zarte Pastellfarben wurden von ihr bevorzugt. Für ihre kleine, volle Gestalt, zumal in dem jetzigen Zustand, wäre schwarz wohl vorteilhafter, meinten die Damen, die ihr nicht besonders ergeben waren. Zu diesen gehörte vor allen anderen die Gattin des Kammerherrn von Kolbe. Diese haßte die Kurfürstin. Sie maß ihr allein die Schuld bei, daß sie nicht bei Hof vorgestellt, noch weniger in dem intimen Kreis der Kurfürstin empfangen wurde. Die, welche Frau von Kolbe die hochmütige Hannoveranerin nannte, hatte eine Art, die Augen halb zu schließen, wenn sie der Dame zufällig begegnete, daß helle

Zornesröte in die Wangen der Frau von Kolbe trat. Dennoch mehrten sich diese Begegnungen auffällig in letzter Zeit, ohne doch einen anderen Erfolg zu haben, als ein Vorübergleiten der jungen Kurfürstin an den knicksenden Seidenröcken der Frau von Kolbe. Haß schoß aus den Augen, als die Verschmähte der Fürstin nachsah. Die Vergeltung würde kommen! Da, wo sie am tiefsten traf, am bittersten verletzte!

Die Hofhaltung im Schloß zu Cölln an der Spree entfaltete von Monat zu Monat größeren Prunk. Die Zimmer wurden mit kostbaren Geräten und Möbeln ausgestattet, die Wände mit flandrischen und französischen Gobelins behängt, die Zahl der Hofchargen vergrößert. Das Tragen von kostbaren, gestickten Samt- und Seidengewändern, mit Edelsteinen verzierten Gürteln und Schuhschnallen wurde unerläßlich bei Hof. Die riesige Perücke, die französische Mode, kostete viel Geld und wurde von jedem getragen. Fest reihte sich an Fest, um die Thronbesteigung des neuen Kurfürsten zu feiern. Sophie Charlotte, den Zeremonien, die ihr Gemahl als erforderlich für seine Würde erachtete, wenig zugeneigt, freute sich dennoch an der Buntheit der Bilder. Sie machte, als die Trauerzeit vorbei war, heiter und lebensfroh, wie sie war, die Sommerfeste, die Maskeraden und Schäferspiele mit. Ihr künstlerisches Auge fand Gefallen an der Wirkung schöner Menschen in prächtigen Räumen. Bis zur letzten Möglichkeit nahm Sophie Charlotte an dem heiteren Spiel teil, fast bis zum Tag der Geburt ihres Sohnes.

Der Kurprinz

Am 14. August 1688 schlugen von allen Kirchtürmen in Berlin und Cölln stürmisch die Glocken. Ein Kind war zur Welt gekommen. Endlich hatte die Kurfürstin ihrem Gatten, dem Land einen lebensfähigen Erben geboren. Die Herzoginmutter von Braunschweig-Lüneburg war schon einige Zeit vor dem Ereignis in Berlin eingetroffen. Sie vergoß Freudentränen, als sie den Enkel sah und wollte ihn durchaus nach Hannover mitnehmen. Einstweilen wurde ihrem stürmischen Verlangen Einhalt geboten. Der Kurfürst, der die Frau Schwiegermutter sehr schätzte und verehrte, auch seit langem mit der klugen Frau in Korrespondenz stand, versprach für später, ihrem Drängen nachzugeben. In etwas vorgeschrittenerem

Lebensalter sollten die zärtlichen Hände der Großmutter den Enkel aufziehen. Sie küßte das Kind unter Weinen und Lachen, doch bei der Bestimmung des Kurfürsten blieb es. Freudenfeiern wurden in Berlin angeordnet. Daß solche auch in Hannover stattfanden, dafür sorgte die glückliche Großmutter. Sophie Charlotte atmete auf. Die Tauffestlichkeiten mit Prunk, Lichterglanz und Kanonenfeuer, wie es bei der Geburt eines Prinzen üblich war, war nun Vergangenheit. Die Angst, daß das schwere Goldkrönchen diesem Kind die weiche Schädeldecke verletzen könnte, war abgewendet. Sophie Charlotte erhielt von der begeisterten Großmutter die Berichte über die Tauffeier, an der sie selbst nicht teilzunehmen vermochte. Der kleine Friedrich Wilhelm hatte, krebsrot und brüllend, sich springlebendig aus allen Zeremonien herausgefunden. Es war ein außerordentlich schönes und kräftiges Kind. Den trotzigen Blick in den blauen Augen hatte schon die Großmutter bemerkt. Auch der junge Vater lächelte, wenn er seinen Sohn ansah. Dieser würde sich einmal nichts nehmen lassen und seinen Willen zeigen. Mehr vielleicht als er selbst! War sein Wille wirklich so schwach, wie der

Herr Vater und der Erzieher Danckelmann gemeint hatten? In diesem einen würde er nicht schwach sein ... Friedrich legte die Hand auf die geballten Fäustchen des Kindes. Es war wie ein Gelöbnis. Du sollst einmal die Königskrone tragen! Kein Mensch und Teufel wird mich von diesem Vorsatz abbringen. Ich gehe diesen Weg, bis ich am Ziel bin ... Er wendete den Kopf. Ein Huschen und Rascheln war hinter ihm. Ein kleines Mädchen, ganz damenhaft gekleidet, schlich auf winzigen Seidenschuhchen zur Wiege. Ein Kind sah dem anderen mit brennender Neugier ins Gesicht. Das rechte Händchen der Achtjährigen verschwand zwischen den liebevoll greifenden Fingern des Vaters, die Linke fuhr scheu und leise über das Gesichtchen des Schlafenden.

„Der kleine Bruder", flüsterte sie. Das Stimmchen klang weich und freundlich.

„Wirst du ihn recht lieb haben, Herzchen?" Friedrich zog sie dicht an sich. Seine Erstgeborene, das Kind, das ihm als Liebes und Einziges von seiner ersten Frau geblieben war, das mit inniger Liebe an ihm hing. Sein gutes, kleines Mädchen.

„Und hast du auch die Mama lieb?" Es kam zögernd. Sie hob das Gesicht zu ihm auf. Es war nicht schön, aber es strahlte so viel Freundlichkeit und Offenheit aus, daß man die etwas derben Formen vergaß. Friedrich drückte die Lippen auf die klare Kinderstirn … liebe Lulu! Wer würde diesem Kind nicht gut sein!

„Die neue Mama ist so gut zu mir", plauderte Luise eifrig. „Sie kommt immer in meine Musikstunden und sie spielt so schön auf dem Cembalo. Sie lacht und freut sich, wenn ich Fortschritte mache. Dann gibt sie mir einen Kuß auf die Backe." Luise tippte mit dem Finger auf die Wange, als sei der Kuß da noch vorhanden.

„Närrchen." Friedrich stand auf. Gewiß, es wäre lächerlich zu erwarten, daß man zu ihm so war wie zu einem Kind von acht Jahren! Aber warum zeigte Sophie Charlotte nicht auch ihm einmal diese Seite ihres Wesens, dieses Leichtbeschwingte, Zutrauliche? Lag das an ihm selbst? Hatte sie es noch nicht herausgefunden, wie schwer es ihm wurde, sein Herz zu zeigen! Seine einsame Jugend, nach dem frühen Tod der Mutter, die feindselige Kälte der Stiefmutter, die überragende Gestalt des Vaters, den er liebte, vergötterte, und es nicht zeigen konnte. Jetzt die gleiche Scheu, unter würdevoller Haltung verborgen, vor der bewunderten, geistreichen Frau! Ja, der heißbegehrten und zutiefst verehrten Frau. Warum stand diese gläserne Wand zwischen ihnen? Aus welchen Gründen? War Sophie Charlotte kalt und konnte nicht lieben? Oder vermochte sie nur ihn nicht zu lieben? Aber er würde sie zur Königin machen ...! Friedrich war an eines der Fenster getreten. Sein Blick ging über den inneren, weiten Schloßhof. Wie zusammengeflickt kam ihm heute der altgewohnte Anblick der verschiedenen und nicht zueinander passenden Baulichkeiten vor. Das muß anders werden. Andreas Schlüter! Der Name, schon bekannt und fast berühmt, der Hofbildhauer, in dem ein großes baumeisterliches Können steckte, war der Mann, aus diesem Gewirr von Giebeln und Dächern vergangener Jahrhunderte etwas Einheitliches, ein Königschloß zu schaffen. Denn er würde aus seinem Land ein Königreich machen, und es sollte ein Königreich Preußen sein! Und sie die erste Königin! Was seinem Land und Volk mangelte an Schönheit, Bildung, Geist und Kunst, das würde er mit ihrer Hilfe schaffen!

Künstler und Gelehrte sollten kommen und bleiben, angezogen und gefesselt durch Sophie Charlottes Geist und Anmut. Alle holden Blüten des Friedens, der guten Sitten sollten Platz an seinem Hof haben. Alles, was die dreißig furchtbaren Kriegsjahre zerstört hatten, wollte er wieder aufbauen. Er würde dieser Stadt den Stempel seines Geschmacks, seiner Persönlichkeit aufdrücken … Seine kleine Gestalt reckte sich, sein Blick ging in Fernen, hinter seiner schöngebildeten Stirn, den markanten Zügen seines Gesichts, formten sich Gedanken, Pläne … Ein Geräusch ließ ihn sich umwenden. Er lächelte. Sein Töchterchen hatte still wie eine Maus mit ihrer Decke am Bett des kleinen Bruders gespielt. Frau von Montbail* war eingetreten. Als sie den Kurfürsten sah, versank sie in einer tiefen Verneigung. Friedrich nickte ihr freundlich zu. Sophie Charlottes Wunsch, diese Frau zur Gouvernante des Thronerben zu machen, hatte er gutgeheißen. Eine Frau, die um ihres Glaubens willen Heimat und Lebenssicherheit aufgab.

* Frau von Montbail, spätere Frau von Rocoulle, wurde die Erzieherin Friedrich des Großen.

Eine reformierte Christin, wie sie sein sollte! Der Herr Vater hatte recht gehandelt, jene Flüchtlinge bei sich aufzunehmen, die der Verfolgung im eigenen Vaterland, Frankreich, weichen mußten … Die Hugenottin im einfachen schwarzen Kleid, mit der Faltenhaube um das feine, blasse Gesicht, beugte sich liebevoll über das Bettchen des Kurprinzen. Das Kind erwachte und lachte die junge Frau an. Das Gelöbnis der Treue zu diesem Kind stieg wie ein Gebet zu ihrem Herzen auf. Sie hat sie ihm und viel später seinem Sohn gehalten. Friedrich warf im Hinausgehen einen warmen Blick auf die Gruppe an der Wiege. Er wußte seine Kinder in guten, zuverlässigen Händen.

Die Tabagie

Die Mode, von niederen Bürgerkreisen Hollands gekommen, aus kurzen, weißen Tonpfeifen Tabak zu rauchen, war auch in Berlin hoffähig geworden. An den sogenannten Tabagien nahmen der Kurfürst, seine Gäste, sein Gefolge teil.

„Meine liebe Pöllnitz", sagte die junge Kurfürstin mit ernsthafter Miene, „ich werde heute Seine Kurfürstliche Gnaden in die Tabagie begleiten." In die glatte, weiße Stirn der schönen Pöllnitz kamen Falten vor Erstaunen. Die Hofdame und Freundin Sophie Charlottes, die schon in Hannover zu ihr gehörte, kauerte auf dem Teppich, dicht am Kaminfeuer, das rote Lichter auf ihr blondes Haar warf. Sie schwieg lächelnd, die Kurfürstin würde ihr den Scherz schon erklären. Doch Sophie Charlotte blickte nachdenklich in die Flammen.

„Seine Durchlaucht wird Tag und Nacht umgetrieben von einem Gedanken, der ihm keine Ruhe läßt. Danckelmann kennt diesen Gedanken und ich errate ihn." Sie horchte hinaus. Ging da nicht wer im Vorzimmer? Jemand, der ihre Geheimnisse mit der Hofdame ausspionierte?! Sie neigte sich noch näher zu der Pöllnitz.

„Der Kurfürst hat den Willen, vielleicht auch schon die Aussicht auf die Königskrone", flüsterte sie. Der Ausdruck in ihren Augen war so seltsam, daß es die Hofdame hochriß. Die Hand der Kurfürstin drückte sich auf ihre Lippen.

„Still", befahl sie, „Danckelmann ist dagegen. Ich werde dem Kurfürsten helfen."

„Kurfürstliche Gnaden", begann die Pöllnitz … Die Kurfürstin erhob sich. Sie lächelte leise. „Ich werde ihm dadurch helfen, dass ich ihm zustimme. Das wird ihm Festigkeit geben." Sie trat an den Spiegel, der in Silber gefaßt war, dem Kamin gegenüberhing. Die wehrarmigen Leuchter zu beiden Seiten erhellten das Glas, das ihr Bild zurückwarf. Sophie Charlotte rückte ein wenig an der hohen, spitz zulaufenden Haube aus Mecheler Spitzen*, die sie größer machte, hob sich auf den Absätzen der seidenen Stöckelschuhe. „Sitzt der Kopfputz", fragte sie nach rückwärts. Die Pöllnitz, den gleichen Spitzenbau auf den Locken, nickte.

„Sie begleiten mich bis zur Tür der Tabagie, Liebe", ordnete Sophie Charlotte an. „Es ist nicht üblich, daß Damen an der Tabagie teilnehmen." Sie lachte.

„Den Kurfürsten freuen kleine Aufmerksamkeiten, die ich für ihn habe." Ihre Hand legte sich zärtlich auf die Schulter der Pöllnitz. „Gehen Sie schlafen, Liebe. Sie sehen ermüdet aus. Für mich wird wohl keine so ruhige Nacht werden, wenn ich aus der Tabagie komme."

In das im Erdgeschoß gelegene Zimmer zu der Wasserseite des Berliner Schlosses traten gleichzeitig der Kurfürst und Sophie Charlotte aus entgegengesetzten Türen ein. Die Wachskerzen der Armleuchter gaben nur mäßige Helle. An der Schmalwand des länglichen Raumes stand ein

* Man nannte diesen Spitzenturm Fontange nach der schönen Hofdame, die ihn in Paris zur Mode gemacht hatte.

kleiner Tisch und zwei Sessel. Der Kurfürst hatte die Fingerspitzen der Hand ergriffen, die Sophie Charlotte ihm lächelnd gereicht hatte. In seinen Augen las sie, daß ihr Kommen ihn freute. Sie nahmen einander gegenüber an dem kleinen Tisch Platz, auf dem drei schwere Silberleuchter standen. Daneben Fidibusse und die mit Tabak gefüllte, kurze Tonpfeife. Im Augenblick, als der Kurfürst sie ergriff, hielt ihm Sophie Charlotte den brennenden Fidibus hin, den sie an der Kerze entzündet hatte.

„Euer Verehrteste sind sehr gütig", sagte er mit einem kleinen Lächeln, das den Ausdruck der Würde für einen Moment von seinem Gesicht nahm, es fein und liebenswürdig machte. Jetzt sofort, ehe jene sonderbare Verlegenheit wieder über ihn kam und alle Wärme auslöschte, wollte sie reden! Die Herren des Hofes und die Gäste saßen im Halbkreis unter dem Kronenleuchter oder längs der Wände. In diesem Augenblick war niemand so nahe, daß er ein leises Gespräch erhorchen konnte. Klug wie stets, begann Sophie Charlotte mit einem Dank.

„Ich möchte Euer Gnaden meiner innigsten Dankbarkeit versichern, für das gütige Entgegenkommen, das sie Monsieur Grote* erwiesen haben.

Das Haus Hannover wird seine bevorstehende Rangerhöhung vor allem Euer Gnaden Bemühen zu danken haben.“ Sie vermied es, die vielen Schritte zu erwähnen, die sie selbst und die Herzogin von Braunschweig-Lüneburg getan hatten, um für den Herzog die Kurwürde zu erlangen. Absichtlich sprach sie auch jetzt nicht davon, was sie bei dieser Rangerhöhung ihres eigenen Hauses für ihre Person empfand. Sie nahm nur ihren ersten Satz als eine Brücke für das, was sie weiterhin zu sagen beabsichtigte. So fuhr sie rasch fort:

„Euer Gnaden sind für ein anderes fürstliches Haus in selbstloser Weise eingetreten. Euer Gnaden sollten dabei nicht das eigene vergessen! Mehr noch als Hannover müßte Brandenburg einen höheren Rang besitzen.“ Sie hatte zum ersten Mal mit leisem Finger an das gerührt, was, wie sie wußte, Tag und Nacht in des Kurfürsten Seele brannte. Der Wunsch aller Wünsche, das Verlangen über alles andere hinaus, der Kern und Mittelpunkt von Friedrichs Leben: die Königskrone zu erlangen für sein Volk und sein Land …

* Der Abgesandte des Herzogs von Braunschweig.

„Jetzt, da die göttliche Vorsehung uns, Euer Gnaden, einen Erben geschenkt hat ..." Friedrich hatte lebhaft seine Hand auf die Sophie Charlottes gelegt. Für den Augenblick schien nichts Trennendes zwischen ihnen zu sein. Nicht die gelehrte, geistreiche Frau, die Schülerin von Leibniz und Tochter eines ehrgeizigen, fürstlichen Hauses saß da, sondern seine Frau, die zu ihm gehörte, die Mutter seines Sohnes. Wirkliches Gefühl, frauliches und mütterliches kam zu Friedrich aus Sophie Charlottes Augen. In diesem Augenblick war sie ihm innerlich nahe wie selten, empfand seine Dankbarkeit dafür, daß er sie auf seiner Seite wußte.

Das Kerzenlicht zeichnete die Umrisse der Köpfe scharf auf die getünchte Wand. Die mächtige Allongeperücke Friedrichs und die Spitzenhaube der Kurfürstin. Ein dritter Schatten, schwarz und zerflatternd, schob sich zwischen beide. Die Kurfürstin, unangenehm berührt, jemanden so nahe zu wissen, hob den Blick, sah Danckelmann.

„Der Herr Oberpräsident hat einen gar leisen Tritt", bemerkte sie scharf. Da war der verlegene, fast ängstliche Ausdruck wieder in Friedrichs Gesicht. Die trennende Wand! Immer wieder, davon war sie fest überzeugt, baute Danckelmann sie zwischen ihr und Friedrich auf, bewußt, um ihren Einfluß auf den Kurfürsten brachzulegen. Wie in einem Netz hielt er den früheren Zögling, durch seinen Blick, durch seine bloße Anwesenheit. Würde Friedrich sich je aus der Umstrickung freimachen? Vielleicht durch sie! Danckelmann haßte sie und das Haus Hannover. Bekämpfte er auch den Königsgedanken Friedrichs? Sie meinte es zu wissen, aber sie mußte es sicher wissen! Es herauszufinden war ihre Aufgabe …

Der Kammerjunker von Bülow löste sich aus einer scheinbar schwierigen Unterhaltung mit dem Herrn von Fouqué, sprang auf. Die Kurfürstin hatte sich erhoben. Die weit und steif um sie gebreitete Brokatrobe nahm ihr nicht die anmutige Sicherheit der Haltung.

„Wollen Euer Gnaden mich beurlauben?“ Friedrich war aufgestanden.

„Ich danke Euer Liebden für Ihre liebenswürdige Anwesenheit. Auf Wiedersehen – bald.“ Das letzte kam mit ungewohnter Bestimmtheit. Um den vollen Mund der Kurfürstin zuckte es. So hatte sie ihr Ziel erreicht. Friedrich würde die unterbrochene wichtige Unterredung in der Ungestörtheit ihres Zimmers fortsetzen.

„Gute Nacht, Herr Präsident", sagte Sophie Charlotte zu dem sich tief verneigenden Danckelmann. Es klang ihm wie Hohn …

„Ist es nicht, als schwände alles Licht, aller Geist mit ihr aus dem Raum", schwärmte Monsieur de Fouqué. Monsieur du Trossel, auch einer der vielen Flüchtlinge am kurbrandenburgischen Hof, lachte.

„Sie sind sehr höflich, mein Freund, da der Kurfürst noch bei uns blieb." Es hatte ein wenig übertrieben geschienen, was Herr von Fouqué gesagt hatte. Dennoch war die in dem Ausruf enthaltene Ergebenheit echt. Jetzt schon war bei der Mehrzahl der Flüchtlinge das Adoptivland zur wahren Heimat geworden.

Lützenburg

Die Kurfürstin und ihre getreue Pöllnitz saßen in den Kissen zurückgelehnt, bequem und in bester Laune und ließen sich von den Wellen der Spree spandauwärts tragen. Diese Wasserfahrten auf einem größeren Ruderboot machten Sophie Charlotte viel Spaß. Man glitt so sanft dahin, zwischen Wiesen und Wald, sobald man die Stadt hinter sich gelassen hatte. Die Bäume des Tiergartens kamen bis ans Ufer des Flusses. Manchmal sah man auch Wild aus dem Dickicht treten, furchtlos die Vorüberfahrenden beäugend.

Heute hatte die Kurfürstin eine besondere Absicht und ein Ziel, das Dorf Lützenburg. Es war nicht das erste Mal, daß sie es aufsuchte. Der Ort hatte ihr schon bei früheren Besuchen gut gefallen.

Er lag zwischen Wiesen, die der Fluß mit mehreren Armen berieselte. Erlen und Eichen wuchsen dazwischen, die Bauernkaten waren ärmlich, aber sauber und freundlich. Irgend etwas erinnerte sie an Hannover. War nicht Herrenhausen in ähnlicher Umwelt erstanden? Der Gedanke, hier etwas zu bauen, wurde immer mehr zum festen Plan. Die Damen waren ausgestiegen und gingen langsam, begleitet von dem Kammerjunker von Bülow, über einen Wiesenweg zu dem Grundstück, dessen jetziger Besitzer es zur Zeit nicht bewohnte, denn die grünen Fensterläden waren geschlossen. Sophie Charlotte war mit ihrer Begleitung etwas hin und her gegangen, hatte dann dem Haus den Rücken zugewendet und sah über die schlichte und doch anmutige Landschaft. Im Hintergrund drehten sich die Flügel einer Windmühle. „Echt märkisch", sagte Herr von Bülow. Seine Verwandten saßen ringsumher auf brandenburgischen Edelsitzen.

„Hier möchte ich wohl einen angenehmen Ruhesitz haben", meinte Sophie Charlotte versonnen. Ihre schönen Augen glänzten lebhafter. Sie war ermüdet von den letzten Berliner Wochen, bekam das Gähnen, dachte sie daran zurück. Feste,

Feste, nichts als Feste! Die leere Zeremonie war tödlich. Sie liebte Heiterkeit, Leben, gewiß. Nur, daß Geist und Gemüt nicht dabei zu kurz kommen sollten ... Sophie Charlottes Augen, scharf und gut beobachtend, gingen über die weite Fläche zwischen Dorf und Fluß. Ein Baugrund, wie man ihn nicht besser finden konnte! Raum für in großem Stil anzulegende Gärten, in denen aus den Wasserarmen der Spree ein Weiher zu bilden war. Platz genug für spätere Erweiterungen eines, zunächst nicht umfangreichen Schloßbaues ... Sophie Charlotte schob ihren Arm in den der Hofdame.

„Pellnitz", sagte sie, nie lernte sie den Namen ihrer Freundin richtig schreiben oder aussprechen, „hier soll mein Schloß stehen." Ungeduld trieb sie fort. Nicht wie sonst nahm sie in der Meierei im Dorf eine Erfrischung, es drängte sie nach Berlin zurück. Sie wollte gleich mit ihrem Gemahl darüber sprechen. Der Kurfürst würde ihren Wünschen nicht entgegen sein, das wußte sie ...

Dies war der Auftakt gewesen. Der Kurfürst zeigte großes Interesse an den Wünschen und Plänen seiner Gemahlin. Der Architekt Nering entwarf einen Grundriß, der die Zustimmung der

Kurfürstin fand, und bald begann eine rege Bautätigkeit in Lützenburg. Da starb Nering plötzlich, und nachdem ein anderer Architekt versagte, erhielt Andreas Schlüter, der seine überragende Meisterschaft schon vielfach an Berliner Bauten bewiesen hatte, den Auftrag zur Fortführung des Schloßbaues in Lützenburg. Täglich fast fuhr die Kurfürstin hinaus, zu Wagen oder zu Schiff. Es entstand ein anderes Dach als bei dem ersten Plan, die Fassade änderte, verschönte sich. Eine Reihe korinthischer Säulen trug den Oberteil des Mittelbaues. Eine Kuppel sollte das Ganze krönen, aber noch war man nicht soweit. Denn ein Seitenflügel erwies sich noch als notwendig zur Unterbringung des Gefolges, der Wirtschaftsräume. Sophie Charlotte wünschte das Fortschreiten des Baues rascher und energischer, in leidenschaftlicher Ungeduld verlangte sie nach dem eigenen Haus, nach Bewegungsfreiheit, Ausleben ihrer eigensten Natur, befreit vom Zwang des Hofes. Hier in Haus und Garten würde sie sich eine geistige Welt schaffen, in Heiterkeit und Freiheit, ohne Zeremoniell und Repräsentation wie in Berlin und Oranienburg. Der Musenhof, den sie in Herrenhausen verlassen hatten, sollte hier wieder auferstehen, Musik und alle Künste ihre Stätte finden. Und ein Theater sollte nicht fehlen, das schien ihrer lachenden Sorglosigkeit wichtiger als die Küchenräume! ... In ihren Pelzmantel gewickelt, denn es war ein kalter Märztag, lief Sophie Charlotte mit der Pöllnitz von einem Raum zum anderen. Die Hofdame folgte lachend der Beweglichen. Fast überall standen noch Gerüste, in den meisten Zimmern waren nur kahle Wände. Besonders der in der Form der Ellipse angelegte Gartensaal war noch völlig im Rohzustand. Sophie Charlotte trat aus ihm ins Freie, sah über die Wiesen zu den Baumgruppen. Hier würde bald Le Nôtres* Kunst etwas Schönes schaffen, und wenn man auch den großen Gartenkünstler selbst nicht nach Berlin locken konnte, ein in seiner Schule Ausgebildeter, Godeau mit Namen, würde Vortreffliches leisten! Die Kurfürstin winkte den Arbeitern, die die Leitern verlassen wollten, um der Fürstin ihre Ehrerbietung zu erweisen, freundlich ab, als sie durch die Fensterhöhle ins Innere des

* Le Nôtre, der berühmte Gartenkünstler seiner Zeit, legte die Gärten von Versailles an.

Schlosses zurücktrat. Sie ging mit der Pöllnitz von Zimmer zu Zimmer und erklärte ihr, wie ein jedes ausgestattet, bemalt, dekoriert werden sollte. Spiegel überall, eingelassen in Türen und Wände, diskrete Spiegel, die länger und dünner machten.

„Länger und dünner, als der Himmel es mir bestimmte.“ Ihre schönen, blauen Augen lachten, zwei dicke schwarze Locken kamen aus der Kapuze, legten sich auf den hellen Pelz, der das volle Gesicht bis zum Kinn vermummte. Eine kleine, ärgerliche Falte kam auf die Stirn. Sophie Charlotte wendete sich kurz um und ging in die runde Vorhalle zur Hofseite. Hier mußten die Damen über Leitern und Bretter steigen, die den Fußboden bedeckten. Die Hofdame wäre fast in einen Kübel mit Farbe gefallen, der im Weg stand. Erregt sagte die Kurfürstin: „Es ist unglaublich! Der große, bewunderte Schlüter, den man anstaunt wie ein Wundertier, seit er begonnen hat, aus dem Schloß zu Berlin etwas Vernünftiges zu machen, dieser Mann hat meine Treppe vergessen!“ Das Spiel ihrer sehr beweglichen Hände wies zur Seite. „Sehen Sie sich dies an! Das ist eine Dienstbotentreppe, gut für die Dienerschaft! Das hat er eingeflickt, weil er die richtige, die Prunktreppe vergaß! Soll ich auf der meine Ehrengäste empfangen?" Sie hob sich auf die Fußspitzen. „Himmel, wenn ich an die Treppe des Louvre in Paris denke, ja nur an die in Hannover im Schloß!"

Ein flüchtiges Lächeln kam und schwand um den Mund der Hofdame … Drollig! Die geliebte Herrin! Sie beklagte sich stets bitter über unnützes Zeremoniell, das Zeit raube und dem Geist nichts gebe, und vermißte dann eine Treppe für große und feierliche Empfänge. Hier, wo sie nur der Kunst, der Philosophie, den Dingen des Geistes, der Natur zu leben und zu huldigen wünschte! Nun, langweilen würde man sich später nicht in diesem Lützenburg oder wie es hieß, wenn es Ihre Kurfürstliche Gnaden mit allen Zerstreuungen anfüllte, ohne die sie doch selbst nicht leben mochte … unbeschadet der Philosophie!

Fräulein von Pöllnitz machte beim Hinausgehen Ihrer Gnaden die vorschriftsmäßige Verbeugung, dies unterließ sie nie, trotz aller Intimität mit der Kurfürstin. Sie strandete dabei fast in dem Kübel mit ockergelber Farbe, der immer noch im Weg stand.

Minister Eberhard Danckelmann

Nach einem Kuperstich von P. Schenk

Der Minister

Der Friede von Ryswik war 1697 zwischen Frankreich und dem Reich geschlossen worden. Obgleich er schon um Jahre zurücklag, hatte er dem Selbstgefühl des Kurfürsten eine nicht vernarbte Wunde beigebracht. Denn es war ein demütigender Friede gewesen. Trotz des starken militärischen Beistandes, den Friedrich zur Bekämpfung Frankreichs gestellt hatte, war sein Name in den Verhandlungen kaum genannt, er nicht persönlich hinzugezogen worden. Nach endlosen Bemühungen hatte er es durchgesetzt, daß er in dem Protokoll erwähnt wurde! Was bedeutete er in den Augen des Kaisers und der Seemächte England und Holland! Dieses Brandenburg, das zerstückelt im Reich umherlag, ein Fetzen hier, ein Fetzchen dort. Einzig eine alles zusammenfassende Macht, einzig das Königtum, konnte Kurbrandenburg eine andere Weltstellung geben. Nur als Königtum vermochte es in den großen politischen Fragen seinen Platz zu behaupten. Es war eine Notwendigkeit für Volk und Land geworden …

Danckelmann, der die finstere Stimmung seines Herrn in diesen Tagen ertrug, hatte stumm, fast kalt die Vorwürfe Friedrichs hingenommen. Aus Wien war die Ablehnung des Kaisers gekommen, trotz des Einsatzes brandenburgischer Truppen für den Kaiser vor Wien und in Ungarn. Danckelmanns Bruder war erfolglos vom kaiserlichen Hof zurückgekehrt. Der Kaiser wollte kein Königreich Preußen. Friedrich gab dem Ministerpräsidenten und dessen Bruder, bitter enttäuscht und zornig, Schuld an dem Mißerfog.

„Meint mein erster Minister, daß nur Kurbrandenburg zurückstehen muß, wo andere aufsteigen? Sachsen wurde durch Polen zum Königreich, Wettin, Oranien, die Welfen steigen auf! Selbst Venedig maßt sich den Vortritt vor dem kurbrandenburgischen Gesandten an!“ Der Kurfürst war aufgesprungen: „Ich will meine Stellung behaupten! Ich verlange die Würdigung, die mir zukommt." Er hatte die Faust so hart auf die Tischplatte gedrückt, daß die Knöchel weiß heraustraten. „In politischer und ebenso in militärischer Hinsicht ist Kurbrandenburg besser dran als viele andere Staaten. Trotzdem diese Zurücksetzung! Mein Land und ich, wir besitzen, was zur Königswürde gehört! Sie wird das Band sein, das die Kurmark und Schwiebus, Pommern und Cleve, Mark und Ravensberg zusammenhält ... Das Königreich Preußen ist der Zweck, die Tat meines Lebens! Preußen gehört nicht zum Reich, ist ein selbständiges Land, durch Erbfolge an Brandenburg gekommen. Ich kann es zum Königreich machen!"

Die beiden Männer saßen einander gegenüber, wie so oft schon in dem weiten Raum, an dem schweren, geschnitzten Tisch. Die Augen des Fürsten und seines ersten Ministers blickten auf die kostbaren Gobelins, die die Wände bedeckten und auf denen die Kriegstaten des großen Kurfürsten abgebildet waren, die Belagerung von Stralsund, die Landung in Stettin. Aber die großen Dinge der Vergangenheit schienen die Bedrücktheit der Gegenwart nicht von dem Fürsten und seinem Minister zu nehmen. Daß des Kurfürsten Gesinnung sich schon seit langem gegen ihn geändert hatte, konnte sich Danckelmann nicht verhehlen. Zornig hatten die letzten Worte des Kurfürsten geklungen. Er kannte die Ansicht seines Ministers. Dieser Mann, aus dem Westen des Reiches stammend, stand in Ablehnung dem Begriff eines Königreichs Preußen gegenüber. Ein Zufall hatte den tüchtigen, kenntnisreichen Mann an den brandenburgischen Hof gebracht. Die erste Gattin des Großen Kurfürsten, die Oranierin Luise Henriette, hatte ihn zum Erzieher des Sohnes bestimmt. Es folgte sein immer steigender Einfluß auf die weiche, des Haltes bedürftige Natur des Kurprinzen, später des jungen Kurfürsten. Bis er sich vor etwas sah, das er nicht für unüberwindlich und dann auch nicht als Gefahr für sich selbst erkannte: die Königsidee seines ehemaligen Zöglings. Der sonst so Kluge bemerkte nicht den tiefinnerlichen Zwang in Friedrichs Natur, das Schicksalhafte, das nicht der einzelne Mensch, sondern ein ganzes Volk zu fordern hatte.

„Ich kann Euer Kurfürstlichen Gnaden nur ernstlich und dringend von Euren Plänen für ein

Königreich Preußen abraten." Es kam mit der ganzen hartnäckigen Eintönigkeit eines bis zum Überdruß wiederholten Satzes. Danckelmann fühlte dunkel, daß etwas unendlich Aufreizendes für den Hörer in dieser Wortfolge liegen mußte. Fahle Röte stieg auf Friedrichs Stirn. Danckelmann wußte, daß seine Feinde, vor allem Kolbe, nach seiner Stellung, seinem Einfluß griffen. Heute schien ihm alles beängstigend, bedrückend. Kam etwas Finsteres herauf, oder waren es nur Hirngespinste, die ihn schreckten, Schatten des grauen, nebligen Novembertages? Waren es Schatten von außen oder von innen, die den Raum verdunkelten, das Gesicht des Kurfürsten so seltsam starr machten? Um die Königsfrage ging es, das war der Ursprung der Wandlung zwischen den beiden Männern. Dennoch hielt Danckelmann es für seine Pflicht, dem Plan, der ihm verhängnisvoll für Brandenburg und das Herrscherhaus schien, entgegenzutreten. Noch hatte er es nicht begriffen, wie schroff die Abkehr des Kurfürsten von ihm geworden war, da er sich dem Lebenswunsch, dem Ureigensten dieser weichen und doch eigenwilligen Seele entgegenstemmte. Und der Name für das neue Königreich? Von dem der Mark hatte der Kurfürst selbst abgesehen. Sie hätten ja auch im Reich darüber gespottet! Zerstückelt, auseinandergerissen waren die einzelnen Besitztümer, Cleve am Rhein, Pommern stets von Schweden bedroht, nicht einmal den Kreis Schwiebus wollte man dem Kurfürsten lassen! Preußen ... ja, das war des Kurfürsten Gedanke. Es war nicht lange her, daß der letzte Hochmeister der Ordensritter das Land zu germanisieren versucht und es schließlich zum weltlichen Herzogtum gemacht hatte. Damals war es noch unter polnischer Oberhoheit gewesen. Die Herzöge von Preußen hatten bei der Belehnung noch das Knie vor den polnischen Königen, den Jagellonen, beugen müssen. Und von diesem armen, fernen, nordischkalten Land – mit der halb polnischen Bevölkerung – sollte das Heil für die Mark Brandenburg, der Aufstieg kommen? ... Aus der sinkenden Dämmerung kam die Stimme Friedrichs, fast wie Antwort auf Danckelmanns innerste Fragen:

„Ich habe das für mein Land zu tun. Es muß ein Königreich werden! Dieses Preußen, jetzt noch außerhalb, ist ein Bollwerk für das Reich. Fürsten meines Hauses haben sich als Herzöge von Preußen gegen das Heranfluten von Feinden auf die deutsche Welt gestemmt. Ich, indem ich mein neues Königreich nach diesem Land Preußen nenne, habe die Aufgabe von Gott erhalten, als Kämpfer für Deutschland an seiner Grenze zu wachen. Es wird das Schicksal meines Volkes sein." Friedrichs Augen waren starr, wie ohne Blick, ja visionär. Jetzt richtete er sich auf. Seine Stimme wurde streng: „Können Sie, Herr Minister, es auf sich nehmen, dem tiefsten, inneren Zwang des Fürsten Ihres Volkes entgegenzutreten?" Die Hände Friedrichs sanken auf die Seitenlehnen des Sessels, in dem er saß. Sein Oberkörper war steil aufgerichtet. Doch mehr als je waren die leichte Verkrümmung des Rückens, die schmalen Schultern zu sehen. Fast in Furcht starrte Eberhard von Danckelmann auf diese gebrechliche Gestalt. Konnte dieser Mann auf seinen schwachen Achseln, mit diesen spitzenbedeckten, feinen Händen das tragen und halten, was er als seine Aufgabe, vom Geschick ihm auferlegt, ansah? Die Tür wurde geöffnet, ließ Licht in den verdunkelten Raum. Zwei Kammerpagen trugen silberne Armleuchter mit brennenden Kerzen herein. Seidene Vorhänge trennten herabfallend die Finsternis, die vor den hohen Fenstern stand, vom erhellten Raum. Der Minister hatte sich schon seit geraumer Zeit erhoben. Er wartete auf ein Zeichen der Entlassung, vielleicht auch auf ein freundliches Wort, das dieser sonderbaren, gefährlichen Stunde einen befreienden Abschluß gab. Stumm winkte der Kurfürst. Sein Blick ging flüchtig, kalt über das Gesicht des Ministers. Dann senkten sich die Lider über die Augen. Danckelmann verneigte sich tief. Im rückwärtigen Hinausschreiten tastete sein Blick noch einmal das kostbar ausgestattete Gemach ab, die schweren, mit flandrischen Stoffen bezogenen Armsessel und Ruhebetten, die reichen Stuckornamente, die großen Gestalten auf den gewebten Wandbehängen. Und in dieser Pracht die einsame, kleine, schwache Gestalt, die sich als ausersehen betrachtete, sein Land und Volk zu ungekannter Höhe zu führen! Würde es der Weg zum Glück oder zum Verderben sein? Mitgehen konnte er diesen Pfad nicht. Und sich noch weiter dagegenstemmen? … Die Tür schlug zurück, fiel hinter ihm zu. Als er sich umwendete, kam ihm ein Mann entgegen. Kostbar gekleidet, Edelsteine im Gürtel, an den Schuhschnallen, den Kopf mit einer Lokkenperücke bedeckt, ein Lächeln um den vollen Mund. Er neigte sich tief vor Danckelmann, daß die Spitze seines Degens in der Luft stand und die Feder des Hutes in seiner Hand das Parkett fegte.

„Ah, der Herr Oberpräsident kommen von Seiner Durchlaucht.“ Sein Lächeln vertiefte sich. Sein ausgestreckter Finger deutete auf die Mappe unter Danckelmanns Arm. Das Lächeln wurde ein Grinsen.

„Exzellenz, der erste Vertraute haben so spät noch mit Seiner Gnaden beraten!“ Danckelmann schritt schweigend an dem Höhnenden vorbei. Hatte jener es erraten, daß er seine Mappe nicht einmal mehr geöffnet hatte?

Die Flügeltür öffnete sich nochmals, der Kammerherr von Kolbe glitt an Danckelmann vorbei in das Arbeitszimmer des Kurfürsten.

Der Sturz

An einem Novembertag, morgens in der Frühe, überbrachte der Feldmarschall von Barfus ein Handschreiben des Kurfürsten an den Oberpräsidenten von Danckelmann. Darin stand, daß der Kurfürst das Entlassungsgesuch des Ministers angenommen habe … In aufrechter Haltung hatte Danckelmann das ihn vernichtende Schreiben aus der Hand seines Feindes genommen. Denn als solchen hatte er Barfus anzusehen. Doch als der Feldmarschall gegangen war, sank Danckelmann in den Lehnstuhl vor seinem Schreibtisch, das Gesicht in die Hände gedrückt. Wie mochte der Bote sich zu dem Dienst gedrängt haben! Das Sporenklirren des Herabschreitenden klang leiser werdend zu dem Verstoßenen hinauf. Denn er wußte, daß er dies war. Heute bedeutete das nur den ersten Schritt! Sein schönes Haus würde er verlassen müssen, das ihm ein Hafen der Ruhe nach seiner Arbeit gewesen war. Entlassen! Und nicht in Ehren, mit einem Fleck auf dem Namen! Mit Vorwürfen für Dinge, die er nie begangen hatte ... Jener Friede von Ryswik! War es seine Schuld, daß Brandenburg dabei zu kurz gekommen war, daß es Geld, mehr noch, das Blut seiner Landeskinder geopfert hatte? Und alles umsonst! Konnte er dafür, daß das mächtige England, das reiche Holland größere Vorteile herausgeschlagen hatten als das kleine Brandenburg? Dieser unselige Friede war der erste Stoß gegen Danckelmanns Stellung gewesen. Hatte der Kurfürst recht mit seinem Königsplan? Nein! Und abermals nein! Das war ein Trugschluß. Er stürzte das Land in Schulden, statt ihm Gewinn zu bringen ... Den steigenden Ausgaben des kurfürstlichen Hofes war er entgegengetreten, wo er konnte. Würde dieser Aufwand nicht ins Unermeßliche gehen, wenn es einen königlichen Hof gab! Rechtswidrigkeiten hatte man ihm vorgeworfen, Eingriffe in öffentliche Kassen! Er, der zu sparen versuchte, wo es ging! Er wußte, daß er fahl vor Zorn gewesen war, als er Barfus ins Gesicht gesehen hatte! Ihm war klar, was nun kam. Man würde seine Papiere durchstöbern, gierig nach Schuldbeweisen gegen ihn suchen. Mochten sie! Sie würden nichts finden, denn darin war er schuldlos. Aber war er es sonst? Seine Gedanken gingen zum Kurfürsten. Er sah ihn vor sich als Knaben, als Jüngling, als Mann. Er hatte seine Entwicklung geleitet. Meinte diesen Menschen geformt zu haben und hatte ihn doch nicht genug gekannt, um diese Stunde vorauszusehen. Wo lag sein Fehler, vielleicht sein Unrecht? In dieser Stunde der Abrechnung mit sich selbst fühlte er ein solches. Es lag im Haß der Menschen um ihn … Man darf sich nicht einen solchen Haß zuziehen! …

Der erste Minister von Kurbrandenburg erlebte, was er vorausgefühlt hatte! Er ging ein letztes Mal die Treppe seines Hauses hinab, stand auf der Kurstraße, blickte noch einmal zu den Steinfiguren auf, die das Dach des Hauses krönten. Er wußte genau, daß er es nie wieder sehen würde. Lagen Unrecht und Undank nur auf der anderen Seite? Er senkte den Kopf, stieg in den mit Soldaten besetzten Wagen, der ihn zum Kerker brachte …

Philosoph und Mathematiker
Gottfried Wilhelm Freiherr v. Leibniz

Nach einem Kuperstich von J. F. Bause nach A. Scheits

Die Sozietät der Wissenschaften

Freiherr Gottfried Wilhelm von Leibniz war von Hannover nach Berlin gereist. Den Unermüdlichen, den von Hof zu Hof, von Land zu Land Eilenden, hatte eine Mission an den Kurfürstlichen Hof gebracht. Dem Land, das ihm Heimat geworden war, denn so sah er seit langem Hannover an, einen neuen Dienst zu erweisen, tat seinem Herzen wie seiner Überzeugung durchaus Genüge. Dem Hannover verschwägerten Kurbrandenburg wollte er in einer wichtigen Angelegenheit seine Gaben und Dienste widmen. Seit langem war es das eifrige Bestreben des großen Gelehrten, den Bildungsstand des deutschen Volkes zu heben. Nach dem tiefen Fall, der Zertrümmerung deutscher Kultur durch den Dreißigjährigen Krieg und seine Folgen, begrüßte er mit Freuden den Gedanken der Gründung einer Akademie der Wissenschaften und deutschen Sprache in Berlin. Die Bestrebungen des Kurfürsten, für sich und sein Land die Königskrone zu erwerben, waren Leibniz bekannt. In einen Königsstaat gehörte eine Akademie. Jetzt hatte man ihn nach Berlin berufen, um mit dem kurfürstlichen Paar den Plan für diese Gründung zu entwerfen, vor allem mit der Kurfürstin die Satzungen festzustellen. Seit Jahren schon beschäftigte ihn der Gedanke, ein ganzes Netz solcher Akademien über Deutschland auszubreiten, die deutsche Sprache in ihrer Schönheit und Kraft wieder herzustellen, gereinigt von fremdem Beiwerk, das wie Kletten an ihr hing. Leidenschaftlich, beharrlich war er immer wieder mit Wort und Feder dafür eingetreten. Sein Vorschlag, nachdem äußere Ruhe ins Land eingekehrt war, eine „Deutschgesinnte Gesellschaft" zu gründen, war ungehört verhallt. Ebenso seine Schrift „Ermahnung an die Deutschen", ihren Verstand und ihre Sprache besser zu üben. Nun war der Augenblick da, der arg vernachlässigten Sprache zu ihrem Recht zu verhelfen. An der Hand der übrigen

Wissenschaften würde dieses Stiefkind der Nation sich wieder den ihm gebührenden Platz erobern. Er, als einzelner, so groß sein Einfluß und Vorbild waren, besaß nicht die Macht, den Deutschen vorzuschreiben, daß ein besseres Deutsch gesprochen und geschrieben werden mußte. Er konnte nur die warnende Stimme sein. Ließ ein Volk seine Sprache verkommen oder untergehen, dann folgte der nationale Untergang bald darauf. An deutschen Höfen wurde man nur in der fremden Sprache verstanden. Auch die bewunderte Kurfürstin schrieb und sprach nur französisch. Französische Erzieher lehrten die jungen Leute von Stand ihre eigene Sprache, das Deutsche lernten sie vom Volk und von den Bediensteten! Hier bessernd einzugreifen, bedeutete innere Verpflichtung für einen deutschen Mann, der Leibniz im Kern seines Wesens immer war. Das Deutsch, das er schrieb, konnte in seiner Zeit als erstaunlich gelten. Kräftig und klar, gedankenreich und ohne Schwulst und Phrase, fast an das Deutsch Luthers erinnernd.

Leibniz ließ sich gleich nach seiner Ankunft in Berlin in Lützenburg bei der Kurfürstin melden. Bald waren eifrige Verhandlungen im Gang. Leibniz wünschte der neuen wissenschaftlichen Gesellschaft den Namen einer Sozietät beizugeben. Vermutlich, weil schon eine, vom Kurfürsten vor vier Jahren begründete Akademie der Künste bestand. Diese hatte ihren Sitz in dem Obergeschoß des von Schlüter ausgebauten Marstalls. Sie sollte eine Pflanzstätte aller Künste und Wissenschaften in Kurbrandenburg sein, erfreute sich des großen Interesses des Kurfürsten, der verschiedene Künstler nach Italien schickte, um für diese Akademie Kunstwerke zu erwerben.

Die Kurfürstin war kaum mehr für die Markgräfin von Ansbach, für die Herzogin von Kurland oder andere ihrer fürstlichen Gäste zu sprechen. Sie saß eingeschlossen in ihrem Arbeitszimmer und führte Gespräche, die endlos schienen, denn alles, was der bewunderte Freund und Lehrer vorschlug, beschäftigte ihren regen Geist, fand außerordentlichen Widerhall. Mit der Wünschelrute seines Genies, das die kleinen Geister ängstigte oder ärgerte, hob er aus der Tiefe von Sophie Charlottes Geist und Herzen Gedanken, die sie nur ihm gegenüber aussprach. Viele davon bewahrte Leibniz als teures Gut für sein ganzes ferneres Leben und legte sie in seinem bedeutendsten Werk, der „Theodizee", unvergänglich nieder. Sophie Charlottes Ursprünglichkeit, Lebensweisheit und Menschenliebe lernte er in diesen Stunden des geistigen Austausches mehr als je zuvor kennen.

„Es ist gewiß, daß, nächst der Ehre Gottes, jedem tugendhaften Menschen die Wohlfahrt und der Ruhm seines Vaterlandes am meisten zu Gemüte gehen soll." Leibniz, der Mann, der dies sagte, ist in Wort, Schrift und Tat für die deutschen Kulturgüter eingetreten. Die Sprache, als die Trägerin der Kulturwerte, ist der Inhalt unzähliger Schriften dieses großen Deutschen. Aber er war kein Bücherschreiber, er, der Lebende, wollte auf die Mitwelt persönlich wirken. Warnend erhob er die Stimme: „Die Annahme einer fremden Sprache ist der Verlust der Freiheit." Er war es, der im Auftrag des Kurfürsten den Stiftungsbrief für die neue „Sozietät der Wissenschaften" entwarf. In Gegenwart des Kurfürsten und Sophie Charlottes wurde sie eröffnet. Mit nie ermüdendem Eifer und Verstehen hat die Kurfürstin sich für das Institut eingesetzt. Die Beratungen mit Leibniz schienen endlos. Dann war das Werk reif, um der Öffentlichkeit übergeben werden zu können. Einer der großen Wünsche Sophie Charlottes hatte Form angenommen, nun kam der zweite. Das war ihr eigenes Reich, in dem die Künste zu Hause sein würden. Die Fertigstellung ihres Schlosses Lützenburg. Daran war fürs erste nicht zu denken, doch ihre Ungeduld war so groß, daß sie wenigstens die Bewohnbarkeit des neuen Hauses durchsetzte.

Anfang in Lützenburg

„Für eine Freude hat man tausend Schmerzen", war ein Wort der jungen Kurfürstin, die sonderbar früh schon die Unbeständigkeit alles Irdischen erkannt hatte. Heute aber dachte niemand an Schmerzen, auch Sophie Charlotte nicht, in deren Natur überschäumende Lebensfreude, philosophische Abgeklärtheit und künstlerische Gaben aufs glücklichste vereint waren.

An diesem schönen Julitag, dem Geburtstag des Kurfürsten, herrschte nur die Freude, denn es stand die feierliche Einweihung von Lützenburg bevor. Absichtlich hatte die Kurfürstin den Geburtstag dazu gewählt, da sie, aus freundlicher Aufmerksamkeit gegen den Gatten, diesem Tag alljährlich ein festliches Gepräge gab. Bisher hatte sie das Schloß besucht, nie aber darin gewohnt, heute war nun der Einzug. Man würde in feierlichem Zug auf dem großen Hof vorfahren, die Räume beziehen, zum ersten Mal in den Mauern Lützenburgs schlafen. Über das, was noch fehlte, sah man lachend hinweg. Denn, ach, so flüsterten sich die Hofdamen und Kavaliere zu, es würde noch vieles fehlen! Aber was schadete das! Am Abend war große Illumination von Schloß und Garten angesagt, zum ersten Mal würde auch der Kurfürst genau alle Räume besichtigen. Sophie Charlotte war selbst seine Führerin, er schien mit allen ihren Anordnungen zufrieden zu sein, versprach Fehlendes durch Geschenke zu ergänzen.

„Euer Gnaden sind sehr großmütig. Anstatt an Eurem Geburtstag beschenkt zu werden, schenken Sie." Sie lächelte ihn an. Warum nur konnte er nicht einmal dieses würdevolle Wesen ablegen, heiter, vielleicht ein wenig ausgelassen sein? War es ihre Schuld, daß sie nicht den Einfluß auf ihn hatte, den andere sich anmaßten! Neuerdings jener Kammerherr von Kolbe, der den Kurfürsten schmeichlerisch umstrich und um dessen schöne Frau häßliche und unklare Gerüchte gingen?

Das kurfürstliche Paar war auf die Terrasse getreten, vor der sich schon die begonnenen, reizvollen Gartenanlagen Godeaus ausbreiteten.

„Hier sollte eine große Vase stehen", sagte der Kurfürst. Er wies auf das Ende der Terrasse, von der aus eine eben gepflanzte, junge Lindenallee in die Tiefe des Parks ging. „Und auf den Wasserarm werde ich Ihnen, meine Liebe, einen Kahn mit vielen bunten Kissen bringen lassen." Er hatte, wie Menschen, an die keine Lebenssorge herankommt, nur Sinn für den schönen Überfluß. Daß im Schloß die notwendigsten Dinge nicht vorhanden waren, hatten beide kaum bemerkt, das würde ohne ihr Zutun sich schon einfinden.

Wie ein Bienenschwarm bewegte sich das Gefolge in den Gängen und Zimmern. Niemand wußte recht, wo er sich oder seine Kleider für das Festmahl des Abends unterbringen sollte. Zwei, drei Personen mußten sich mit einem kleinsten Raum begnügen. Spiegel, wenn sie nicht in die Wände eingelassen waren, fehlten, an Schränke oder Kommoden war nicht zu denken. Auch die Köche, die schon viele der Speisen fertig von Berlin mitgenommen hatten, konnten sich nicht gleich in das Neue finden, und die Lakaien suchten nach Tellern, Tischzeug und Gläsern mit hochroten Köpfen. Endlich aber war doch alles in leidlicher Ordnung, Sophie Charlotte ging, das wußte man, über kleine Entgleisungen mit einem lustigen Lachen hinweg. Ihr waren diese äußeren Dinge nicht von Belang. Und der Kurfürst war heute in bester Stimmung. Witzworte über kleine Mißgeschicke des ersten Wirrwarrs machten ihn lachen, man würde sich hier sommerlich einrichten, fern den Geschäften, wie die römischen Großen auf ihren Landsitzen, die Bürde des Daseins leicht nehmen. Konnte man das in Wahrheit, dachte die junge Kurfürstin. Da zischte draußen die erste Rakete hoch, eine zweite folgte. Von den Fenstern des Saales, in dem die Gesellschaft tafelte, erblickte man die Terrasse im Sprühregen des bunten, vom Himmel fallenden Lichtes. Der Kurfürst gab das Zeichen zum Aufstehen. Alles trat hinaus vor die hohen Fensterflügel, die in der Sommernacht weit geöffnet waren. In den Büschen und Bäumen hingen unzählige bunte chinesische Lampen, die den Garten in ein phantastisches Wunderland verwandelten. Unter ihnen bewegten sich schattenhaft die

Gestalten der Herren und Damen, die eben noch in farbigen Roben und gestickten Röcken an der großen Tafel gesessen hatten. Am Himmel standen, fern und unveränderlich, in einem dunkelblauen Rund die Sterne …

Schloß Monbijou

Nach einem Kuperstich von C. B. Schwarz

Wirtschaft in Lützenburg

Gleich nach Gründung der „Sozietät der Wissenschaften" lud zur Nachfeier die Kurfürstin nach Lützenburg ein. „Eine Wirtschaft" war die Bezeichnung für die zur Mode gewordenen, reizvollen, pseudoländlichen Feste. Bei diesen spielte jeder Gast mit, improvisierte oder hielt sich an eine Rolle, wenn er nicht Reime des Kurfürstlichen Hofpoeten Herrn von Besser sprach. Sogar den großen Leibniz hatte die Kurfürstin mit einbezogen, auch er sollte mitwirken! Ein Jahrmarkt mit allem Zubehör, bunt, lustig, war in dem Lützenburger Opernsaal aufgebaut. In Buden kaufte man Lebensmittel, herrliche Schinken und Ochsenzungen mit nichts als einem Lachen und ganz ohne Geld! Wein, Tee, Limonade und Schokolade waren ebenso billig. Die jungen Markgrafen, die Brüder des Kurfürsten, der holländische Gesandte, Herren vom Hof, als Bauern oder Händler verkleidet, standen in den Buden hinter den Verkaufstischen. Auf einen Jahrmarkt, nicht wahr, kann jeder kommen! Seiltänzer, Quacksalber, Matrosen. In dieser letzten Maske Seine kurfürstliche Gnaden selbst. Er hielt sich sehr zurück, dagegen trat in sprudelnder Lebhaftigkeit die Kurfürstin als Madame la Doctoresse in Erscheinung. Sie stand vor einer Bude und bot ihre Waren an. Alles, was ein Kurpfuscher jener Zeit den Gutgläubigen aufschwatzte, war aufgestapelt. Neben ihr trieb ein Zahnbrecher sein komisch schreckhaftes Gewerbe. Viel Lachen und Geschrei ertönten, wenn die fürchterliche Zange rosige Mäulchen bedrohte. Bei der Eröffnung des Spiels war der Herr Doktor, feierlich auf einem Elefanten reitend, mit allen Attributen seines Standes, unter denen die Klistierspritze nicht fehlte, im Saal erschienen, gefolgt von Madame la Doctoresse, in einer *chaise à porteurs,* einer Sänfte, die von vier Türken getragen wurde. Ein Tusch war geblasen worden, die Dorfmusik hatte ihre Tänze gespielt. Hinter diesen Hauptpersonen zogen der Zahnbrecher, die Seiltänzer, der Jongleur. Der ganze bunte Zug füllte den Saal.

Der Vorhang hob sich langsam von der Bühne. Ein Zigeunerlager! Nie gab es anmutigere und sauberer gewaschene Bohemiens als hier! Sie hoben sich vom Lager, begannen einen Tanz. Madame la Princesse de Hohenzollern zuckte es in den Füßen. Schon war sie auf seidenen Schuhen zu den Zigeunern geeilt, tanzte mit, andere Damen und Herren folgten. Im Saal wurde das Treiben lustiger. Ein wenig zu lustig, findet Seine Gnaden, der Kurfürst, der von seiner Loge in das Getümmel schaute. Da bemerkte er seinen Sohn, den Jongleur, der mit ungemeiner Gewandtheit Teller und Becher durch die Luft schnellte und wieder auffing. Wenn der Junge fürs Lernen doch ebensoviel Eifer aufwenden möchte, dachte der Vater in halbem Lachen, halbem Ärger! Ein Astrologe ging unter seiner Loge, schaute herauf! Friedrich sah durch den Spalt des seidenen Vorhangs, daß das Teleskop auf ihn selbst gerichtet war. War das Leibniz, dem man diese Rolle zugedacht hatte oder ein anderer? Friedrich schob den Vorhang etwas zurück, neigte sich über die Brüstung.

„*Hé, Monsieur l'Astrologue*, sagen Sie mir etwas über meine Zukunft? Ist sie gut oder schlecht?" Er dämpfte die Stimme. Ob wohl Leibniz, oder wer es sonst war, ihn erkannte? Der Astrologe verneigte sich leicht, wie vor irgendeinem Herrn des Hofes. Dann schaute er in sein Perspektiv.

„Ich sehe ein Emporsteigen zu Glanz und Glück", flüsterte er. „Wünsche werden sich erfüllen. Das Eigengeschick wird zu Höhen führen, die Allgemeinheit mit sich reißen." Er sprach wie ein Entrückter. „Ich sehe eine Krone." Friedrich sah den Mann scharf an ... Also hatte er ihn erkannt! Ein leichtes Lächeln bog die Mundwinkel des Kurfürsten.

„Sie reden zu allgemein und unbestimmt, Herr Prophet, ich will Persönlicheres." Die dunklen Augen aus der Maske fuhren über das Gesicht des Kurfürsten. Würde sich in Wahrheit der Schleier von der Zukunft heben, sollte er etwas hören, das ihn erschreckte, erfreute, dachte Friedrich. Aber der Mann vor ihm spielte wohl nur seine Rolle! Dieser legte jetzt die Finger auf die Lippen unter dem Spitzenrand der Larve. „Alles Menschenleben gleicht dem Doppelgesicht des römischen Gottes

Janus. Die eine Seite Frieden, die andere Krieg. Wolle niemand seine Zukunft zu genau wissen. Auch wer hoch steht, kann fallen … Ich kenne einen, der fiel."

„Was heißt das?" fuhr Friedrich auf. „Milde ist die schönste Zierde derer, die hoch stehen." Friedrich war blaß geworden.

„Kehren Sie nach Rom zurück, von wo Sie zu kommen scheinen, Herr Prophet!" War der Mann ein Anhänger Danckelmanns? Eine leichte Handbewegung wies ihn fort. Drängte sich, was ihn in schlaflosen Nächten quälte, in seine Feststunden? Danckelmann war die innere Wunde seines Lebens, aber was konnte er anderes tun, als sein äußeres Los erleichtern! Und das war schon geschehen. Zurückrufen konnte er ihn nie …

Er sah den Unbekannten in der Menge der Masken verschwinden. Andere schwirrten vorüber. Von einer Gruppe drüben tönte Lachen zu ihm. Der Mittelpunkt, *la doctoresse,* die Kurfürstin. Eine reizende Zigeunerin hielt ihre Hand. Den Kopf gebeugt, schien sie die Linien genau zu studieren. Der Kurfürst konnte kein Wort hören. Aber drüben wurde wohl Heiteres gesagt, denn alle Umstehenden lachten. Auch von Friedrichs Brust hob sich die Bedrückung. Vielleicht bedeuteten die Worte jenes Mannes nichts, waren nur geheimnisvolle Redensarten! Der Kurfürst verließ seine Loge. Das Alleinsein war ihm plötzlich unerträglich. Ein Schrei ließ ihn zur Seite blicken. Der Zahnbrecher hatte die kleine Hofdame der Prinzessin von Hohenzollern erwischt und ihr einen meterlangen Zahn gezogen. Ein energisches Frauenzimmer, in der man unschwer Ihre Exzellenz, die Frau Hofmarschallin, erkannte, hielt die Patientin fest, der dicke Lachtränen aus den Augen liefen. Die Kranken, die Madame la Doctoresse um ihre Hilfe angingen, waren die Gesandten von Dänemark und Polen-Sachsen sowie Herr von Ilten, der hannoversche Geschäftsträger, in Schaftstiefeln, als Bauer verkleidet. Die Heiterkeit steigerte sich von Minute zu Minute. Monsieur d'Obdam, der Gesandte der Generalstaaten, in der flämischen Tracht seiner Heimat, und Herr von Flemming als Pommer brachten mitten im größten Tumult ein Hoch auf das kurfürstliche Paar aus. Angepaßt der dörflichen Wirtschaft:

„Hoch Friedrich und Charlott."

„Wer's nicht recht meint, ist ein Hundsfott."

Des Kurfürsten Hang zu würdevollem Auftreten, angeboren und bewußt festgehalten, hatte auch seine Jugendjahre lähmend beeinflußt. Heute fühlte er jäh Unbeachtetes, scheinbar Verflossenes in sich aufsteigen. Wie reizvoll war das Bild vor ihm, wie bezaubernd Charlotte durch das leise Bacchantische, das sie umflutete, in krause Wirbel riß. Ist es hier nicht wie bei der Geschichte vom Turmbau zu Babel! Jeder redet seine eigene Sprache, ohne auf den anderen zu hören? Sogar Monsieur d'Obdam, der sonst so zurückhaltende Niederländer, war ganz außer Rand und Band. Er stand auf einem Stuhl und sang zu der Menge Lieder zum Preis der Medizin, die von einer solchen Doktorin ausgeübt würde, die jeden heilen müßte! Das Fest hatte seinen Höhepunkt erreicht. Der Kurfürst ging durch die Budenreihen. Madame la Doctoresse schritt ihm lächelnd entgegen. Er zog ihre Hand an seine Lippen. In diesem Augenblick rauschte die Musik des Orchesters auf.

„Charlotte", sagte er leise, „Sie sind bezaubernd heute Abend." Sein Blick suchte den ihren. Er fand ihre heiteren, ruhigen Augen … wie immer.

Frau von Kolbe

Das Kolbesche Paar führte eine Ehe *à la mode* mit getrenntem Schlafgemach. Das gute, breite Ehebett gab es in jener Zeit überhaupt nur noch in Bürger- und Bauernhäusern …

Mit grüblerischen Falten auf der weißen, niedrigen Stirn, den Fuß langsam hebend, stieg Frau von Kolbe die letzten Stufen der Schloßtreppe hinauf. Sie blieb auf dem Vorplatz stehen und sah in das Treppenhaus. Die wundervolle Gliederung, die Skulpturen in Weiß und Gold, der stolze Aufschwung dieser wahrhaft königlichen Treppe, lag zu ihren Füßen. Ja, königlich! So hatte alles, seit dem Tod des alten Herrn mehr und mehr diesen Weg genommen. Katharina von Kolbe kannte durch ihren Mann die geheimen Wünsche des

Kurfürsten, das Ziel und einzige Verlangen seines Lebens. Sie wußte auch, daß Danckelmann, der einst Allmächtige, dem der Kurfürst vertraut hatte, leidenschaftlich diesem Plan widerstrebte. Sie begriff, daß die einzige Möglichkeit für ihren ehrgeizigen Gatten, die einstige Macht Danckelmanns zu besitzen, nur in der ebenso leidenschaftlichen Förderung der Königsidee lag. In unzähligen Gesprächen zwischen ihr und Kolbe war dieser Gedanke erwogen worden. Ihr selbst fiel bei diesem Spiel eine wichtige Rolle zu, und Kolbe nahm keinen Anstoß daran, der Frau, die seinen Namen trug, diese Rolle bis in alle Einzelheiten vorzuschreiben. Ein verächtliches Lächeln ging um die blutroten Lippen, die dem weißen Gesicht die einzige Farbe gaben. Die Leidenschaft Kolbes für sie war längst erloschen. Daß er sie, die Frau des Kammerdieners Biedekamp, geheiratet hatte, war nur ihrer Stellung zum Kurfürsten zuzuschreiben. Sie und Kolbe brauchten einander, und diese Wechselwirkung war das Band, das sie zusammenhielt.

Katharina schritt über den Gang, der zu den Zimmern führte, die ihr und Kolbe angewiesen waren, wenn der Kurfürst sich im Berliner Schloß aufhielt. Das Schlößchen an der Spree*, das Kolbe sich, man wußte nicht aus welchen Mitteln, erbaut hatte, zog Katharina als Wohnsitz vor. Da gab es eine lange Galerie, helle, lustige Räume zu ebener Erde, einen schönen Garten, der ans Wasser stieß. Die Zimmer im Berliner Schloß blieben düster, obwohl die Fenster zu der Wasserseite gingen und mit schwerem, altväterlichem Hausrat eingerichtet waren. Ihr Bett hatte einen goldenen Baldachin, von dem rote Seidenvorhänge herabfielen. Sie kam sich vor wie aufgebahrt, wenn sie darauf lag. In den Nächten, wenn der Sturm um das alte Hohenzollernschloß heulte, erschienen die Bilder der Vergangenheit, vor denen sie tagsüber die Augen verschloß. Ihre ärmliche, aber helle und saubere Schlafkammer im Städtchen Emmerich, an dem der Rhein vorbeifloß. An den Sommerabenden tönten die Rufe der Schiffer herauf. Dann rief der Vater. Sie mußte in der Schenkstube den rohen Gesellen Branntwein oder selbstgebrautes Bier vorsetzen. Mit dem Geld bekam sie Flüche oder widerwärtige Liebkosungen. Sie scheuchte die Bil-

* Das jetzige Schloß Monbijou.

der fort, die ungewollt kamen. Aus ihnen hob sich eines, das sie liebte und haßte und nicht loswurde. Ein junger Mensch, wundervoll gewachsen, mit schwarzen Locken und dunklen, traurigen Augen. An einer besonderen Ecke des langen Tisches war sein Platz. Nie durfte er sich an einen anderen setzen. Sein Glas war mit einer Kette an den Tisch geschlossen, keine andere Hand durfte es berühren. Sie rückten von ihm ab, auch Diebe und Hehler. Denn er war der Sohn des Henkers von Wesel und galt als unehrlich. Einmal war er ihr begegnet, als sie zum Rhein hinunterging. Seine Schönheit und Traurigkeit hatten sie gerührt, sie hatten zueinander gefunden. Zwei Ausgestoßene, denn was war sie, die Tochter der berüchtigten Rheinschenke! Sie liebten sich mit der Glut der Jugend und Verzweiflung. Eines Abends war er aus ihren Armen aufgefahren: „Leb' wohl. Ich komme wieder. In einem anderen Land, wo niemand uns kennt, sollst du meine Frau werden." Ein wilder Kuß auf ihren Mund, ihren Nacken, er war fort. Zwei Jahre hatte sie gewartet. Den Rhein entlang gingen Gerüchte von den französischen Armeen in den Niederlanden. Vielleicht hatte der Geliebte Glück und Beute auf der einen oder anderen Seite gesucht, dabei das Leben verloren. Das Leben in der Schenke wurde ihr immer unerträglicher. Da war ein Freier erschienen, der Kammerdiener Biedekamp, der im Gefolge des Kurfürsten in Cleve gewesen war und bei seinem Auftauchen in Wesel das schöne Mädchen sah. Ihm war sie gefolgt …

Sie sah auf den dunklen Fluß hinab, die Fenster standen weit auf. Kamen die Erinnerungen, weil am Rhein jetzt der Karneval tobte, eine weiche Vorfrühjahrsluft vom Wasser aufstieg? Sie lehnte sich hinaus, schaukelte da nicht ein Kahn auf den Wellen, gerade unter dem Fenster? Als sie sich ins Zimmer zurückwendete, stand ein Mann vor ihr. Wie gelähmt starrte Katharina auf die schweigende Gestalt.

„Wer seid Ihr?" fragte sie mit erstickter Stimme. Da hob er einen Zipfel der schwarzen Seidenlarve, die sein Gesicht bedeckte. Es war noch das gleiche schöne Gesicht, der feine, bartlose Mund. Nur die Augen blickten hart, als er sie auf die entsetzte Frau richtete.

„Katharina", sagte er. Von ihren angstblassen Lippen kam die sinnlose Frage: „Wer bist du?" Er schob ihre Worte mit einer Handbewegung von sich. „Ich bin hier, um dich zu fragen, wie du in dieses Schloß kommst. Bist du eine fürstliche Dirne geworden?“ Sie fuhr auf, nannte den Namen Kolbes, ihres Gatten. Er lachte.

„Ich weiß. Mir ist bekannt, was du alles durchschritten hast. Ich könnte das verzeihen, denn es geschah aus Not. Aber nicht, daß du dich kaufen ließest ohne Liebe, für einen vornehmen Namen. Nicht verzeihen kann ich, daß du diesen Namen mißbrauchst, um einen guten, gerechten Fürsten in Ungerechtigkeit hineinzubringen, gegen seinen ältesten Berater und Freund.“

„Du, du“, stieß sie heraus, „was wagst du! Du hattest mich verlassen.“

„Ein ehrbares Mädchen kann in einer braven Familie dienen.“

„Dazu bin ich nicht geschaffen“, erwiderte sie hochmütig. Ihr Blick ging zum Spiegel, der ihr Bild zurückwarf. Der Mann nickte.

„Du warst zu schön. Ich habe dich so sehr geliebt!“

Das alte Empfinden erwachte in ihr, sie machte ihm einen Schritt entgegen. Er schüttelte den Kopf.

„Was willst du also", fragte sie ungeduldig.

„Dich warnen. Ihr habt den Minister vernichtet, nur um seine Macht an euch zu reißen. Auf den Schultern eines Gestürzten ist ein übles Stehen."

„Bist du sein Verteidiger?" fragte sie höhnend. Haß stieg in ihr auf.

„Ich bin der Erbe meines Vaters, nur anders. Ich diene der Gerechtigkeit. Wo ich Unrecht sehe, versuche ich es zu hindern."

„Wer bist du?" Es kam fast atemlos. Wer war der Mann in dem Samtkleid, kostbare Steine am Hut, der mit der Stimme des Gebildeten zu ihr redete.

Er warf den dunklen Mantel um, den er auf einen Sessel geworfen hatte, seine Gestalt war so schön und biegsam wie einst.

„Sage es mir", bat sie schmeichlerisch. „Nimm an, ich sei die Stimme deines Gewissens", sagte er mit einem sonderbaren Lächeln. Er zog die Maske über Mund und Kinn, wendete im Hinausschreiten noch einmal den Kopf, so daß sie seinen Blick ein letztes Mal sah. Dann war er so lautlos gegangen, wie er gekommen war. Es schien ein Spuk. Sie riß die Tür auf, es war niemand im Vorzimmer. Dann stürzte sie ans Fenster. Ein Kahn, ebendieser wohl, den sie vorher gesehen hatte, fuhr rasch unter ihrem Fenster davon, ein einzelner Mann saß darin. Sollte sie die Wache rufen? Ihn verfolgen lassen? Aber warum? Er würde sich so geheimnisvoll entfernen, wie er gekommen war.

Krönungsfeierlichkeiten in Königsberg
am 18. Januar 1701 in der Schloßkirche

Nach einem Gemälde von Anton von Werner

Reise

Die jungen Markgrafen Albrecht Friedrich und Christian Ludwig, die Brüder des Kurfürsten, freuten sich mächtig auf die Reise nach Königsberg, auf die Krönung und was da sonst geschehen würde. Als sie ihrem älteren Bruder Philipp mit glühenden Gesichtern und aufgeregt die Pracht der Anzüge, die Herrlichkeiten des zukünftigen königlichen Gefolges, der Karossen und Decken, der Fahnen und Ehrenpforten vorzustellen versuchten, lachte der Markgraf von Schwedt und kniff sie in ihre blühenden roten Backen.

„Meine Kinder", sagte er väterlich. Er war zwar nur wenige Jahre älter als sie, jedoch seit Jahresfrist verheiratet und sollte demnächst Vater werden. Er wollte seine Frau nicht gerade jetzt verlassen und war sehr zufrieden darüber, nicht mit nach Königsberg zu müssen. „Mit einer guten Reithose an den Beinen auf die Jagd zu reiten ist mir lieber als euer Firlefanz." Die hübschen Augen halb geschlossen, blinzelte er die Brüder an. „Ich werde schon meinen Teil zu der Glorie von Preußen beitragen! Wartet nur, bis ihr wieder zurück seid!"

„Willst wohl deine Kanonen auffahren?" Christian lachte. Des Bruders ungemeine Leidenschaft für das Artilleriewesen war schon seit Kinderjahren in der Familie bekannt. Seine Gnaden, der Kurfürst, den Wünschen seiner Brüder, soviel er konnte, entgegenkommend, hatte den jungen Markgrafen von Schwedt zum Generalfeldzeugmeister ernannt. Diesen Posten füllte Philipp mit viel Geschick und Eifer aus.

„Trollt euch", sagte er zu seinen Brüdern. „Zieht euch eure seidenen Fetzen an und laßt euch bis auf die Haut naß regnen! Noch vor Ratzeburg seid ihr windelweich."

Das Wetter sah freilich bedrohlich aus! Auf morgen früh war die Abfahrt angesetzt, und in zwölf Tagen sollte man ankommen!

Ein gewaltiger Zug, endlos fast, Kutschen, Bei-

wagen, Chaisen, Reiter, drei Kompanien Garde, Schützenkompanien, alles wälzte sich mühsam auf grundlosen, vom Regen aufgeweichten Wegen dahin. Die Prophezeiung des Markgrafen Philipp war eingetroffen. Als der Zug nach großer Mühsal in Ratzeburg ankam, hinderten Sturm und Regen an der Weiterreise. Die Weichsel war gefährlich angeschwollen, die Wege aufgeweicht. Markgraf Albrecht, der vortrefflich mit Gäulen umzugehen verstand, hätte am liebsten selbst die Zügel genommen. Doch bei der Abreise hatte der Zeremonienmeister von Besser gemahnt: „Nur kein Aufsehen, Euer Gnaden, und alles recht würdevoll!“ Daß der Lümmel von Kutscher sie jetzt in das tiefste Loch auf der Straße gefahren hatte, aus dem man nur mit Mühe und unter viel Fluchen herauskam, war auch nicht von höchster Vornehmheit! Schließlich mußte die Reiseroute geändert, der Weg über Danzig genommen werden, und unter vielen Schwierigkeiten erreichte man nach zwölftägiger Fahrt die Stadt, die alles aufgeboten hatte, den zukünftigen König zu empfangen.

Ein Freudenrausch war über das sonst so stille Königsberg gekommen. „Die Gassen waren voll

Frohlocken“, sagt ein Zeitgenosse. Und nicht nur hier, im ganzen Land. Welch eine Auszeichnung! Ausersehen von allen anderen, eine Königsstadt zu werden! Sie wollten ihrem Namen Ehre machen. Von den Erkern und Balkonen der alten Giebelhäuser hingen bunte Teppiche, Tannengrün umwand Fenster und Türen. Blumen hätte der kalte Januarwind zerblasen. Aber sonst machten die Königsberger ihre Stadt so bunt und heiter, wie sie nur konnten. Eine froherregte Menschenmenge in Festkleidern füllte die Straßen und Plätze, begierig, Neues, nie Erlebtes zu sehen und zu hören. Eine besondere Kommission aus Berlin hatte die Vorbereitungen zu den Festlichkeiten in sachkundigen Händen. Der Herr Zeremonienmeister und Hofpoet von Besser, der berühmte Architekt Herr Eosander von Goethe* und eine Reihe von Hofmarschällen.

Als der Riesenzug, der in vier Abteilungen gereist war, um sich nicht gegenseitig im Weg zu sein, eintraf, waren im ersten Wagen das zukünftige

* Eosander von Goethe (Architekt), geb. 1670 in Riga, wurde nach dem Sturz Schlüters Schloßbaudirektor in Berlin.

Königspaar und der Kronprinz, jubelnd von der Menge begrüßt. Am 22. Dezember, nachdem sie achtzig deutsche Meilen zurückgelegt hatten, waren sie am Ziel. Die Königsberger schauten sich fast die Augen aus, um alles zu sehen, und das war doch erst der Anfang. Nun würden die letzten Vorbereitungen zu dem feierlichen Akt vor sich gehen.

Am 15. Januar 1701 wurden die Einwohner der Stadt durch laute Trompetenstöße geweckt. Tags zuvor hatten sie sich müde gelaufen und soviel zu sehen bekommen, wie sonst das ganze Jahr nicht. Die Königin hatte so freundlich aus dem Wagenfenster genickt, und eine Krone hatte sie gar nicht auf dem Kopf gehabt.

„Sie ist ja auch noch keine Königin", hatte einer gerufen, „sie soll's ja hier erst werden!"

Was für ein schöner Junge war der Kronprinz! Recht trotzig sah er aus. Ob er seinen Eltern auch so viel Mühe machte, wie ihre Jungens ihnen? Dies mit einem Blick auf den, der vorhin so naseweis über die Königin geredet hatte. Doch der steckte die Hände in die Taschen, pfiff sich eins und meinte: „Mit dem Kronprinzen möchte ich mich mal raufen. Er sieht so aus, als ob ihm das lieber wäre, als in der Glaskutsche zu sitzen." Aber dann war er rasch um die nächste Straßenecke. Trotz der frühen Morgenstunde waren doch nun alle aus den Federn gekrochen, um sich nichts entgehen zu lassen. In blauen Samtröcken waren die Herolde durch die Straßen geritten, um anzukündigen, daß das Herzogtum Preußen zu einem Königreich aufgerichtet werden solle und der Souverain, der Allerdurchlauchtigste Fürst und Herr, Herr Friedrich, König in Preußen würde ... So begann es. Dann kamen Schlag auf Schlag die großen Ereignisse. Am 17. Januar stiftete der König den Orden vom Schwarzen Adler. Über Brandenburg hatte der Rote Adler geschwebt und in seinen Fängen Ruhm und Ehre des Volkes gehalten. Alle gedachten des alten Herrn, des Großen Kurfürsten. Auch er war in Königsberg gewesen, sein ältester Sohn in ihrer Stadt geboren. War in eben der Schloßkirche getauft worden, in der nun, unter dem Segen des Höchsten, morgen die feierliche Salbung sein würde.

Dann kam der große Tag, der 18. Januar, heran.

Niemand arbeitete heute in der sonst so fleißigen Stadt. Die Frauen besorgten gerade nur das

Wichtigste in Küche und Kinderstube. Denn die Jungen und Mädchen, gut verpackt in dicke Mäntel und Pelzmützchen, waren gerade so gut unterwegs wie die Alten, um alle Herrlichkeiten zu sehen.

„Och, die Königin!“ schrien sie und guckten in jede Kutsche, die vom Schloß kam. Gelächter, es war nur eine ältliche Hofdame. Die großen Mädchen aber hatten geheimes Verlangen, die schönen, jungen Markgrafen, die Brüder des Königs, zu erblicken, besonders den Markgrafen Albrecht. Das machte die jungen Königsberger Bürgersöhne höchst eifersüchtig … Zwei Ratsherren gingen bedächtig über den Schloßplatz und sprachen von dem neuen Orden.

„Der ist nur für große Verdienste“, sagte der eine. „Oder für große Herren“, lächelte der andere. „Er hat eine schöne Devise: *suum cuique*, Recht und Billigkeit einem jeden, Guten wie Bösen. Die Donnerkeile in den Fängen des Adlers sollen Lohn und Strafe bedeuten und die ausgebreiteten Schwingen die Schnelle des Vollzuges.“ Der andere Ratsherr nickte.

„Wahrlich groß und eines Herrschers würdig.“ Er räusperte sich. „Gehen wir in den Ratskeller?

Ich fürchte, meine Frau hat heute das Mittagessen etwas vernachlässigt. Auch ist große Kaffeevisite bei der Frau Bürgermeister zur Feier des Tages." Der andere lachte. „Ganz wie bei mir."

In der Nacht vom 17. zum 18. Januar hatte es geschneit und gehagelt. Alle sahen besorgt zum grauen Himmel auf. Würde man den Kirchgang verschieben müssen? Doch plötzlich kam die Sonne zwischen den Wolken heraus und überschüttete die alte, ehrwürdige Kirche mit ihrem Licht. Der erste Albrecht von Brandenburg, Herzog von Preußen, hatte sie erbaut. Viel war im Innern verändert worden, um für die Feier Platz zu schaffen. Der Geschicklichkeit des Baumeisters Eosander war es gelungen, die beiden Throne für König und Königin so zu stellen, daß sie den in der Mitte der Kirche befindlichen Altar nicht beeinträchtigten und doch von allen Seiten gesehen werden konnten. Mit scharlachroten Stoffen waren Wände und Bänke und der breite Mittelgang bedeckt. Vor dem Altar stand ein hoher Baldachin, dessen Samt reich mit Kronen und Adlern bestickt war. Kostbare Teppiche waren über den Steinboden gebreitet.

Schon um acht Uhr früh wurde es lebhaft in den Vorzimmern der königlichen Gemächer des Schlosses. Die vom König geladenen Personen erschienen in ihrem höchsten Staat. Zur gleichen Stunde zog die Bürgerschaft als Wache auf und besetzte Straßenzugänge und Plätze, um allzugroßen Zudrang zum Schloß zu unterbinden.

Jetzt begann der erste Akt der großen Zeremonie. Friedrich ließ sich den Königsornat anlegen. Rot, reich gestickt und mit großen Diamantknöpfen geziert. Der schwere Mantel aus Purpursamt, mit Hermelin gefüttert, wurde ihm um die schmalen Schultern gelegt. Langsam, würdevoll schritt der König voraus, hinter ihm der lange Zug seines Gefolges. Im Audienzsaal machte er halt, und hier war es, wo Friedrich sich selbst die Königskrone aufs Haupt setzte. Sie war aus reinstem Gold, die Bügel mit großen Brillanten geschmückt. Jetzt wurden auch die alten Insignien der Königsmacht: Reichsapfel, Siegel und Schwert in die Hände der dazu bestimmten Würdenträger gelegt.

Bisher war das alles eine Männerangelegenheit gewesen. Nun kam auch die Frau zu ihrem Recht. Die erste Regierungshandlung des neuen Königs von Preußen war, seine Königin zu krönen. Gefolgt von der Schar der Herren ging er zum Zimmer seiner Gattin. Diese kam ihm schon an der Schwelle entgegen. Mit einer leichten, anmutigen Beugung vor ihm ließ sie sich von seiner Hand die Krone in ihr dunkles Lockenhaar drücken. Als später die Fülle der Glückwünsche über das Königspaar hereinbrach, prägte ein hoher Beamter das liebenswürdige Wort: „Man müsse der Krone Glück wünschen um ihrer Trägerin willen und nicht umgekehrt." War es wirklich so? Nahm sie die Ehren und Lasten, die die Erhöhung brachte, auf leichte Schultern? Oder sah das kluge Auge dieser Frau in eine Zukunft voll Verantwortung und Gefahren für die Ihrigen und ihr Volk? Jetzt seufzte sie nur ein wenig über die Zeremonien und Feste, die sie kommen sah, und wünschte sich in ihr stilles Lützenburg.

Zur Schloßkirche ging der Krönungszug. Hohe Hofbeamte, Würdenträger aller Grade folgten und gingen an der Seite des Königs, der unter einem Baldachin schritt. In ihren Händen hielten sie den schweren, schleppenden Mantel. Herolde und Zinkenbläser gingen dem König voraus. Der gleiche

Pomp umgab die Königin, die von des Königs Brüdern geleitet wurde und hinter der ihre Ehrendamen in weiten Seidenröcken rauschten. In Sophie Charlottes dunklen Locken funkelte das goldene Krönchen, und der gleiche Baldachin wurde über ihr getragen. Es sind uns Bilder von zeitgenössischen Malern überliefert, auf denen die Personen jener feierlichen Handlung in ihrem gravitätischen und doch zierlichen Gebaren getreulich wiedergegeben sind.

Der ganze große Krönungszug füllte nun die Kirche, damit jeder der symbolischen Handlung der Salbung beiwohnen konnte, die von den höchsten Geistlichen des Landes, den zu Bischöfen ernannten Hofpredigern Ursinus und Dr. von Sanden, vollzogen werden sollte. Es schwirrte und rauschte bei der übergroßen Menschenmenge von den Gewölben der alten Kirche herab. Vertreter aller Behörden, Deputierte der Städte, Adel und Ritterschaft, Minister, Hofbeamte umdrängten das Königspaar, das auf den Thronsesseln Platz nahm. Von der Empore tönte der Choral: „Allein Gott in der Höh' sei Ehr." Dann, in das tiefe Schweigen hinein, sprach der Bischof Ursinus wenige, aber zu

Herzen gehende Worte. Unter dem leisen Spiel der Orgel schritt der König zum Altar. Hier legte er Krone und Zepter nieder, beugte das Knie vor Gott. Der Geistliche bestrich Stirn und Handgelenke des Königs mit einem Tropfen Salböl ... Die Kirche hatte durch diesen Akt ihren feierlichen Segen erteilt, unabhängig von der weltlichen Macht des Königtums. Mit Gesang, Gebet und Segen schloß die heilige Handlung.

Jubel tönte um den Zug, als er die Kirche verließ. Von allen Türmen läuteten die Glocken, auf den Wällen der Stadt wurden die Geschütze gelöst. Die Menge drängte sich, um den König Fridericus I. und seine schöne Königin zu sehen. Friedrichs erster Regierungsakt war eine allgemeine Amnestie. Es sollte nur Freude an diesem Tag um ihn sein. Das Volk riß die roten Decken, die über den Schloßplatz gebreitet waren, in Fetzen. Jeder wollte ein Erinnerungszeichen haben, lachend kämpfte man um die Krönungsmünzen, die unter die Menge gestreut wurden. Dann war der glänzende Zug, der den meisten nur für Minuten sichtbar gewesen war, wie ein Zauberspuk im Schloßportal verschwunden.

Das folgende spielte sich im größten Saal des Schlosses, im Moskowitersaal, ab. Hier war die riesige Hoftafel gedeckt, an der sich König und Königin niederließen. Tausende von Wachskerzen brachten Gold und Edelsteine zum Aufleuchten. Hofmusiker spielten, und in hundert Schüsseln wurden die Speisen aufgetragen. Nach einer Stunde war das Bankett beendet. Denn der neue König war ein maßvoller Mann.

Draußen aber, auf dem Stallplatz, hatte der Festschmaus erst begonnen. Ein ganzer Ochse war gebraten und mit Hasen und Fasanen gefüllt worden. Jeder konnte sich nehmen, was ihm behagte. Rechts und links gaben zwei Fontänen roten und weißen Wein. Es schien das Schlaraffenland nach Königsberg gekommen zu sein. Als es dunkel wurde, brannten Pechtonnen und riesige Holzhaufen. Die Stadt hatte eine Illumination ohnegleichen veranstaltet. Doch damit war es nicht zu Ende. Die nächsten Tage und Wochen brachten noch Festlichkeiten aller Art. Maskenbälle, studentische Aufzüge und Serenaden. Der Karneval begann und wurde mit einbezogen. Es schien, als könne man sich von Königsberg nicht trennen.

Erst am 8. März war der feierliche Auszug. Überall auf dem Weg wurde Friedrich freudig begrüßt und gefeiert. Oh, dachte Sophie Charlotte abermals, welch ein Glück, bald werde ich in meinem stillen Lützenburg sein! Wieder ich selbst, wieder ein Buch, eine Feder zur Hand nehmen, Musik hören, feine, selbsterwählte!

Ja, eine Atempause zwischen Königsberg und dem Berliner Einzug war zweifellos eine Notwendigkeit.

Der Markgraf von Schwedt

Der Markgraf von Schwedt, des Königs Halbbruder von der holsteinischen Mutter, hatte den Brüdern nachgesehen. Sie waren die jüngsten, sie mochten an dritter oder vierter Stelle stehen bei den Festen in Königsberg. Er nicht. In seinem kleinen Schwedt, mit seiner süßen Markgräfin, der Anhaltinerin, war er der erste. Er reckte lächelnd die schöne, schlanke Gestalt, schritt die Schloßterrasse hinab. Dann ritt er langsam mit kleinem Gefolge die Breite Straße entlang. Er sah Gruppen von Bürgern und Handwerkern. Erregung ging durch die winkligen Gassen. Zwischen den Giebelhäusern klumpten sich die Menschen, schwatzend, aufgeregt. Die große Neuigkeit, die große, unbeschreibliche Ehrung! Berlin bekam einen

König! Berlin und Cölln, sonst immer ein wenig aufsässig, mit einer schwierigen Bevölkerung, aufbrausend, frechmäulig. Berlin, bisher ein kleines Nest, oft zurückgesetzt gegen Potsdam, Oranienburg, Spandau, wurde die Hauptstadt des neuen Königreichs! Man stelle sich das vor! Nein, nicht auszudenken war das! ... Die Hände fuhren an die Mützen, wo der junge Markgraf sich zeigte. Er kam nicht zu oft, aber er war immer freundlich, lustig. Sah dem verstorbenen, mächtigen Herrn, seinem Vater, ähnlicher als der jetzige Kurfürst, nein König! Je weiter Philipp kam, desto erregter schienen die Menschen. Jetzt hielt er vor einer größeren Ansammlung sein Pferd an. Sie drängten näher. Er nickte ihnen freundlich zu.

„Ihr guten Leute", er fiel schnell in das Berliner Platt. Als Junge hatte er es von Berliner Jungens gelernt, mit denen er sich auf der Straße raufte, wenn die Frau Mutter es nicht merkte, daß er entwischt war. Oder nicht merken wollte ...

„In Königsberg wird jetzt das Königreich Preußen gemacht. Euer alter ... ich meine euer Kurfürst, setzt sich und seiner Frau Königin die Krone auf. Ein Zug", er breitete die Arme, als wolle er damit die Länge des Zuges zeigen, „geht vom Schloß in Königsberg zur Kirche. Voran schreitet Seine Gnaden, der Kurfürst. Und rechts, links, hinten und vorn Hofherren, und massenhaft Soldaten. Eure Kürassiere sind auch dabei. Ja, die Kerle haben es gut! Sie durften mit und durch Ehrenpforten ziehen, bis sie sich wie Preisochsen vorkamen." Die Leute um ihn lachten. „Ja, einen gebratenen Ochsen haben sie hingestellt, und aus dem Marktbrunnen floß Wein." Sie drängten sich an ihn, tätschelten sein Pferd, sahen in sein schönes, heiteres Gesicht. „Na, aber wir, wir Berliner lassen uns nicht in die Ecke drücken, wir wollen auch mitmachen! Kinder", schrie er über die Köpfe weg, „wir machen etwas Besonderes, wir erleuchten die Stadt! Denn der König, er gehört uns, wir sind mehr als Königsberg, wir sind die Hauptstadt."

Die Menge um ihn war immer dichter geworden. Fragen wurden laut. Er hatte auf alle eine Antwort. Den Plan mochte er schon seit Tagen durchdacht haben. Jeder Bezirk der Stadt bekam seinen Teil an der Beleuchtung. Er schickte alle, die sich eifrig zu Botendiensten bereit erklärten, kreuz und quer herum im Bewußtsein, daß alle gern gehorchten. Denn er brachte dem allgemeinen Wunsch, etwas zu tun, zu leisten, Befriedigung. Sie alle wollten ihre Freude, ihre Genugtuung an dem großen, dem überstürzenden Ereignis kundtun … Wie lange die Berliner noch zu warten hatten, ahnten sie an jenem Tag freilich nicht!

Denn Berlin mußte sich noch monatelang mit dem Markgrafen Philipp gemeinsam gedulden, fieberhafte Erwartung und frohe Vorbereitungen überstehen, ehe der große Tag des königlichen Einzuges kam. Der Himmel meinte es gut mit den Berlinern. In Königsberg hatte alle Welt gefroren, wenn auch jeder bis an die Nasenspitze in Pelze eingewickelt war. In der bitterlichen Kälte des ostpreußischen Januars! Noch im März bei der Rückfahrt – denn solange hatte sich der König und sein Gefolge in der Krönungsstadt aufgehalten – waren Planken über das Eis der Weichsel gelegt worden, damit der endlose Zug über den Strom kam, dessen Eisdecke ihn trug.

Aber der große Augenblick, wo die von den Königsberger Tagen teils Erhobenen, teils Ermatteten in Berlin einzogen, kam doch einmal heran. Nicht nur Geldstücke hatte es in Königsberg geregnet, als die Majestäten sich zum ersten Mal nach Krönung und Salbung dem Volk zeigten. Auch Titel und Standeserhöhungen brachte man nach Berlin als Erinnerung an die Königsberger Tage mit. Die Brüder des Königs waren als kleine Markgrafen gegangen und fuhren erstaunt als Königliche Hoheiten in ihrer Karosse heimwärts. Was Philipp wohl dazu sagen würde! Dieser lachte sich krank, daß er eine Königliche Hoheit war! Aber der König hielt streng darauf, daß man die neuen Titel nicht außer acht ließ! Man flüsterte, daß die Tochter des Königs, die Erbprinzessin von Hessen-Kassel, als Königliche Hoheit vor ihrer Schwiegermutter rangieren solle! Da die Gutmütige keinen Familienstreit herbeiführen wollte, erhielt sie den königlichen Befehl ihres Vaters, in ihren Zimmern zu bleiben und nicht bei der Hoftafel zu erscheinen.

Ein wolkenloser Maihimmel stand nun über Berlin. Die Linden trugen zartes Grün. Von Potsdam und Werder kamen Lasten von Blütenzweigen auf den Bauernwagen herein. Die Gärten von Berlin gaben alle Blumen her, die die warme Sonne schon herausgelockt hatte. Flieder und Maiglocken und die dicke, rote Pfingstrose … Alles war zur rechten Zeit fertig geworden. Alle Ehrenpforten, die vorgaben, aus Bronze und Marmelstein zu sein und mit Schildern in heftig grellen Farben geschmückt waren, standen an ihren Plätzen. Die Sinnbilder mit lateinischen Huldigungssprüchen und Abbildungen der olympischen Götter glänzten in der Maisonne. Sie hielten Lorbeer und Palmenzweige über die Häupter von König und Königin, deren Medaillons an keiner der sieben Ehrenpforten fehlten. Der Zug würde aus Schönhausen kommen, wo König und Königin sich zuletzt aufgehalten hatten, und mit ihnen viele hohe Gäste, die zum Glück wünschen erschienen. Eine unabsehbare Menschenmenge drängte sich in den Straßen. Schon Wochen vorher hatte man sich einen Fensterplatz gesichert, wer das Geld dafür nicht hatte, stieg auf einen Baum. Auf den Dächern waren Schaulustige, und an den Fenstern sah man Menschenköpfe übereinander in bedrohlicher Enge. Schon vor dem St. Jürgentor, durch das der Königszug kommen sollte, war eine Ehrenpforte errichtet. Es hatte seinen Namen heute in Königstor gewandelt und auch die Straße hieß nun Königsstraße.

„Sie kommen, sie kommen." Es ging wie eine Welle durch die dichtgestaute Menge. An allen Fenstern waren die Köpfe so nah aneinandergepreßt, daß man meinte, die neugierigen, erstaunten, begeisterten Augen müßten herausquellen. Die Häusermauern sah man kaum, so dicht waren sie überdeckt mit Grün und Blumen. An jeder Ehrenpforte standen Abordnungen, die sie für die Huldigung gestiftet hatten. Der Herr von Forcade, in gesticktem Tressenrock, auf dem Kopf die frischgewellte, mächtige Allongeperücke, den silberbordierten Hut in der Hand, verneigte sich höflich vor einem angesehenen Bürger aus der französischen Kolonie. Die Flüchtlinge wollten ihre Dankbarkeit und ihre Zugehörigkeit zu Kurbrandenburg auch dem neuen Königreich bezeugen. Ihr prächtiger Ehrenbogen überspannte die Klosterstraße. Es wimmelte von Menschen um ihn.

„Die Bürgerschaft samt allen Zünften hat sich mächtig hervorgetan", sagte der Koloniefranzose, der eine Seidenwirkerei in der Spandauer Vorstadt besaß, die ihm viel Geld einbrachte. „Berlin und Cölln haben neununddreißig Kompanien aufgebracht, wohl an die achttausend Mann." Herr von

Forcade lächelte. „Eine Konkurrenz für uns! Für unsere französischen Kadetten und die Kompanie der französischen Grenadiere, die den Majestäten ihre Ergebenheit bezeugen werden." Er nickte einem Soldaten zu, der eine rote Grenadiermütze mit dem schwarzen Adler trug. Der geschnitzte Vogel hielt im Schnabel den königlichen Namenszug. Jetzt ritt die Kompanie der Fleischhauer vorbei. Schöne Pferde, die Leute in hell polierten Kürassen. Sie hatten Pauken auf neuen Decken, ein neugewährtes Privileg.

„Der Einzug hier wird noch glänzender sein als in Königsberg", sagte der französische Fabrikant mit Stolz. Er fühlte sich ganz als Berliner Bürger, wenn schon von der Kolonie. „Seither sind verschiedene Gesandte bei den Majestäten eingetroffen. Sie werden mit im Gefolge sein." Forcade nickte. „Milord Raby, der englische Gesandte, der Baron d'Obdam von den Herrn Generalstaaten, Mr. von Ilten aus Hannover, und von Seiner Kaiserlichen Majestät der Graf von Baar. Es fehlt nur der Moskowiter." Beide lachten. Man hatte den Besuch Peters in Berlin und Potsdam noch in Erinnerung ... Dann begannen die Glocken zu läuten. Von allen Kirchtürmen dröhnten sie über die Städte Berlin und Cölln. Die Geschütze ließen zweihundert Schüsse von den Wällen der Städte ertönen. Und dann wurde der Ruf, der schon so oft von den Gassen und Plätzen aufgestiegen war, zur Erfüllung …

Ehe man sich's versah, war der Zug in Berlin, und es gab zu schauen, daß man lieber zehn, anstatt zwei Augen gehabt hätte! Voran das Regiment Gendarmes vom Obristen Natzmer, die Musketiere, vom Grafen Dohna geführt. Das gab ein Zujubeln und Winken. Waren doch so viele Berliner Kinder darunter! Die sechsunddreißig Kutschen, in denen die Herren Geheimräte, Minister und Hofleute saßen, erregten nur geringes Interesse. Aber nun kamen die Kutschen der jungen Markgrafen.

„Hoch, Markgraf Philipp!" schrien einige. Die anderen lachten. „Is ja niemand drin, 'ne leere Nuß!" Und Kutschen folgten auf Kutschen und Reiter, eine endlose Folge.

Wann, wann kam der König, wann die Königin …? Nur nicht den guten Platz verlieren! Die mit ihrem Hut hätte auch zu Hause bleiben können! „Ruhe, Ruhe, meine Kinder!" Alles lachte, freute sich an den herrlichen, kostbar aufgezäumten Pferden. „Der Braune ist vom Markgrafen Philipp“, schrie ein Junge. „Ich kenne ihn, mein Vater ist bei ihm.“ „Beim Markgrafen oder bei dem Braunen?“ fragte ein Witzbold. Zwei Pagen ritten vorbei. Die Mädchen sahen den hübschen Jungen mit verliebten Augen nach. Eine seufzte. „Was stöhnste denn, Trude?“ fragte grob ein junger Mensch neben ihr. „Gefällt dir der besser als ich?“ Über dem Gezänk der beiden kamen die Kuriere und Fouriere vorüber und vierundzwanzig königliche Trompeter. Ihnen zur Seite ritten zwei Pauker, die Großen des Hofes folgten. Da, der junge Markgraf Christian Ludwig, der Bruder des Königs, ach, und nun der Kurprinz, nein, der Kronprinz! „Hoch, der Kronprinz!“ „Hoch, Markgraf Philipp!“ Der letzte Ruf klang herzlicher, lebhafter. Der Markgraf von Schwedt winkte, grüßte. „Heute abend brennt Berlin“, schrie einer zu seinem Pferd hinauf. Er verstand, lachte. „Ruhe, Kinder, ihr macht ja die Pferde scheu!“ Dann wurde alles still …

Wie eine Welle von Ehrfurcht ging es durch das Volk. Der König selbst. Er, der sein Volk, sein Land, erhöht hatte. Weder aus Eigenliebe noch um seines persönlichen Ehrgeizes willen. Sondern um seinem Volk einen höheren, einen geachteteren Platz unter den anderen Völkern zu gewinnen, es aufwärts zu führen ... Er ritt ein wundervolles Pferd. Es setzte die feinen Beine bedächtig, ohne Scheu vor den Menschen, den Fahnen, dem Getön der Musik, der Glocken ... Die Blicke, die dem König folgten, ließen das Bild nicht los, bis dann die Königin nahe war. Daß zwischen den beiden noch Menschen und Rosse und Uniformen waren, bemerkte niemand ... Acht Pferde zogen die goldene Kutsche der Königin. Nur sie darin und die Markgräfin von Schwedt, ihr gegenüber.

„Die Königin, die Königin", flüsterten die Frauen. Es klang wie ein Märchenwort. Jetzt hatten sie in Berlin ihre Königin! Sophie Charlotte lächelte freundlich. Sie war todmüde, und das goldene Kleid spannte ein wenig.

„Ich danke dem Geschick, daß es Sie, Liebe, mir gegenübergesetzt hat", sagte Sophie Charlotte leise. „Ihr schönes Gesichtchen muntert mich etwas auf." Im Haar der Markgräfin steckte keck ein schwarzer Reihertuff. Sie war nicht ermüdet, denn Philipp hatte sie kurz zuvor, nun ja, etwas heftig umarmt. Arme Königin, dachte sie. Der würdevolle, königliche Schwager gab wohl selten seiner Gattin solches Lebenselixier. Die Liebe, ja die Liebe. Dann dachte sie an ihr vor kurzem geborenes Kindchen, an ihre und Philipps Freude über den Buben … Sie fuhr auf. Durch wie viele Ehrenpforten mußten sie noch? Drei hatten sie schon hinter sich, aber es sollten sieben sein!

„Sind Sie auch nicht ermüdet, meine Schwester?" fragte Sophie Charlotte. Sie war immer voll Fürsorge für ihre Umgebung. Sie liebte die junge Schwägerin, die anmutig und heiter war. Schöne Menschen wollte sie um sich sehen. Die Harmonie aller Dinge war das erstrebenswerte Ziel, das ihr, beeinflußt von Leibniz' Gedankenwelt, als das Ideal vorschwebte. Mit den Künsten, mit Musik, nicht zuletzt mit schönen Menschen, versuchte sie sich dieses Ideal nahezubringen. „Der vierte Triumphbogen", sagte die Markgräfin ein wenig matt. Die Königin lachte. „Eine Unterredung mit Leibniz wäre mir lieber." Aber das Wort war nur halber Ernst. Ihre Augen blickten wieder heiter. „Ich bewundere den König. Seit Monaten feiern wir das

Fest. Daß er das aushält!“ Sie lächelte freundlich den Menschen zu, die sich an die Kutsche drängten. „Die guten Leute“, sagte sie fast gerührt. „Wir sind ihnen zu vielem verpflichtet, da allein unser Anblick sie schon so sehr erfreut.“

„Sie gehören zu uns und wir zu ihnen“, sagte die kleine Markgräfin plötzlich mit Energie. „Wir sind immer wie eine große Familie gewesen, wir und die Berliner.“ Unter dem lächelnden Blick der Königin wurde sie ein wenig rot. „Sie lernten das wohl vom Markgrafen, denn soviel mir bekannt ist, sind Sie aus Dessau.“

„Hoch, die Königin!“ riefen die Menschen ringsum. Sie fuhren durch den vierten Bogen, den die Stadt Cölln an der Stechbahn errichtet hatte. Vertreter der Bürgerschaft, der Zünfte und Gewerbe empfingen hier ihren König. Gegenüber, gleichsam als Ergänzung der von der Stadt erbauten Ehrenpforte, war das kürzlich vollendete, herrliche, von dem großen Schlüter geschaffene Schloßportal, das mit seinen Säulen, wuchtig und pathetisch, den Zugang zum Schloßplatz bildete. Hier hielt der Zug. Im Brausen der unzähligen Menschenstimmen konnte man kaum die einzelne des Bürgermeisters verstehen. Es war wie ein Rausch und Traum. Jeder wollte sehen und am liebsten auch von dem Königspaar gesehen werden. Denn die junge Markgräfin hatte recht. König und Königin waren heute Eigentum der Berliner. Das Leid der Vergangenheit hatte man geteilt. Nun sollte auch die Freude gemeinsam sein. Und sie war es …

In der Nacht zum 7. Mai wurden Berlin und Cölln zu Märchenstädten. Wenigstens den Berlinern und Cöllnern schien das so. Eine Lichtflut ergoß sich über die Städte. Der Markgraf Philipp hatte sich selbst übertroffen. Alle öffentlichen Gebäude waren illuminiert. Die Künstlerschaft war dem Beispiel gefolgt, in jedem Privathaus waren die Fenster erleuchtet. Die Gassen hatten sich in Lichterreihen gewandelt. Selbst der junge Kronprinz hatte sich ein paar Fenster des Schlosses ausersehen, um mit großem Eifer und Geschick Lichter anzubringen …

Eine frohe Menge füllte die Gassen, leicht berauscht von Festfreude und dem freigebig gespendeten Wein und Bier. Auf dem Platz vor dem sonst finsteren, mittelalterlichen Schloß, das heute wie eine Lichterburg strahlte, staute sich die Menschenmenge. Einige hoben sich auf die Zehenspitzen, um in die unteren Fenster hineinzuschauen, etwa das Königspaar, einen von den Markgrafen oder wenigstens eine schöne Prinzessin zu erblicken. Schatten glitten an den hellen Scheiben vorüber. Das Fest des Königs wurde in den Sälen gefeiert. Ungeahnte Pracht, ungeahnter Glanz waren dort! Jetzt stiegen sie darin wohl teppichbelegte, lichtüberflutete Treppen hinauf. Traten in langem glänzenden Zug in den Alabastersaal. Seidene Schleppen rauschten. Die Kavaliere machten zierliche Verbeugungen vor schönen Damen. Ach, wer auch dabeisein könnte! Einer rief: „Na, wenn ich mir vor meiner Karline verbeugen sollte, nee, ich danke!" Alle lachten, gutmütig, ohne Neid oder Mißgunst. Die großen Leute hatten auch ihre Sorgen! Und man hatte auch ihnen ein Fest bereitet, Wein, Fleisch und Kuchen vorgesetzt. Dankbar erkannten sie die Güte des Königs.

Graf Wartenberg

Nach einem Kuperstich von J. Tscherning nach A. Wentzel

Die Gräfin Wartenberg

Auf dem Quadrat des Schloßhofes, der unlängst vom Hofbaumeister Schlüter ausgebaut wurde und die höchste Bewunderung aller Architekten hervorgerufen hatte, spazierte der König. Er war ohne Begleitung, und seine Schritte waren gemessen, wie meist. Er schritt den Hof einmal hinauf und einmal hinunter. Im Augenblick, als er den Fuß auf die Freitreppe setzte, kam die Gräfin Kolbe von Wartenberg die Stufen herunter. Obgleich der Kaiser Leopold sein Mißfallen über die Affäre Danckelmann äußerte, hatte er dennoch den jetzt allmächtigen Minister zum Reichsgrafen von Wartenberg gemacht.

Die Einkerkerung Danckelmanns war in Wien sehr übel vermerkt worden, und nur die in der Luft schwebende Kriegsgefahr um die spanische Erbfolge hatten das Wiener Kabinett nachgiebig gemacht. Denn Brandenburg-Preußen war ein wertvoller Bundesgenosse gegen Frankreich. Bei aller Bewunderung für das glänzende Bild des französischen Hofes und seine äußere Etikette war doch der König von Preußen genau so, wie er es als Kurfürst gewesen war, stets und jederzeit für die deutschprotestantische Sache gegen Frankreich mit allem Nachdruck eingetreten. Die Angleichung seines Hofes an den von Paris bestand nur in Äußerlichkeiten. Gegen Frankreichs Übermut und Roms Einmischungen hatte er sich stets gewehrt. Der Glanz der Hofhaltung schien Friedrich, mit Recht, eine Notwendigkeit, um die Machtstellung des neuen Königreiches vor Europas Blicke zu rücken.

Nach der Mode der Zeit, von Versailles diktiert, der sich die großen wie die kleinen Höfe ohne Ausnahme unterwarfen, gehörte an einen Fürstenhof eine Maitresse. Das Gefühl hatte mit dieser höfischen Zeiterscheinung oft wenig zu tun, wenigstens bei Friedrich nicht. Hauptsache war, daß man sich affichierte, das heißt, den Schein hervorrief! In Berlin geschah dies an zwei bestimmten Tagen, die den Zusammenkünften des Königs mit der Gräfin vorbehalten waren und die auf dem Schloßhof vor aller Augen vor sich gingen. Der König sprach dann lebhaft mit der Dame, führte auch wohl galant ihre Fingerspitzen an seine Lippen, über denen das winzige, hochgebürstete Bärtchen stand. Was sich sonst in den Räumen des gräflichen Paares im Schlößchen Monbijou oder in den Räumen des Berliner Schlosses, die dem Grafen Wartenberg zugewiesen waren, zutrug, sollte nach Ansicht aller, die es wissen konnten, sehr unbedeutend sein. Es genügten diese offiziellen Spaziergänge, um die Stellung der Gräfin festzulegen … Die schöne Katharina erwartete die Anrede des Königs. Diese Wege von einer Säulenreihe zur anderen bedeuteten ihrer ungebärdigen Natur eine wahre Pein. Sie durfte das Gespräch nicht beginnen. Andererseits war Friedrich zu verlegen oder zu steif, um das erste Wort zu finden. Einige Male hatte ihr heftiges Temperament über ihre Klugheit gesiegt. Sie hatte gesprochen, ohne gefragt zu sein. Ein erstaunter Blick, dann ein langes Stummsein des Königs war der Erfolg. Danach schwieg und wartete sie. Seit Danckelmann im Kerker saß und ihr Gatte höher und höher in des Königs Gunst stieg, ließ Wartenberg seine Frau öfter in die diplomatischen und politischen Geschäfte blicken, die geheimzuhalten eigentlich seine Pflicht war. Doch er schätzte ihr schnelles und sicheres Urteil, ihre Schlauheit, die Geldgier, Egoismus, Berechnung überall voraussetzte, höhere Motive ausschied, weil sie diese nicht kannte. Katharina wußte genau, was sich am politischen Horizont ereignete, weshalb die Kuriere nach Berlin kamen oder von hier nach Holland, nach Wien oder gar nach England eilten.

Seit dem Tod des letzten spanischen Königs Karl II. war die Welt in Erregung. Die beiden Schwäger Karls, Ludwig XIV. und der Kaiser Leopold I., stritten sich für ihre Gattinnen um die Erbschaft. Schlag auf Schlag waren die Ereignisse damals einander gefolgt. In Wien war das Abkommen mit Friedrich unterzeichnet worden, die Notifizierung seiner Erhebung zum preußischen König sollte in aller Form an die europäischen Höfe gelangen. Da schlug wie eine Bombe die Nachricht aus Paris ein, daß der ewige Friedensstörer, Ludwig XIV., die spanische Krone für seinen Enkel Philipp verlange …

Nun hieß es dem neuen Übermut Frankreichs entgegenzutreten …

Der König war heute schweigsamer als sonst. Hatte er Nachrichten besonderer Art, die auch Wartenberg nicht kannte? Oder waren ihm Dinge über sie und ihren Gatten zugeflüstert worden, die sie zu Fall bringen konnten? Die ewige Frage derer, die selbst durch Ränke und Verleumdung anderer hochgestiegen sind … Eines aber schien sicher: Heute war nicht der günstige Augenblick, beim König zu erreichen, daß er ihr die Vorstellung in Lützenburg bei der Königin erzwang. Daß man sie dort wie Luft, bestenfalls, behandeln würde, sagte sie sich mit zornfunkelnden Augen. Aber ganz gleich! Sie war doch dort gewesen!

In solchen Gedanken, die weder von seiner noch von ihrer Seite heiter schienen, hatten sie den Weg ein paar Mal über den Schloßhof gemacht. Dann führte Friedrich die Gräfin zu der Freitreppe zurück, hob den Hut, den er, der Etikette gemäß, die ganze Zeit über aufbehalten hatte. Friedrich blickte ihr nach. Was bedeutete ihm diese Frau im

Grunde? Fast mit einem Gefühl der Erleichterung sah er sie sich langsam entfernen. Was konnte er mit ihr reden, die ihm geistig und seelisch nichts gab! Dennoch fühlte er immer wieder, wie ihr starkes, ja wildes Temperament Einfluß auf ihn ausübte, ihn nicht losließ. Sein feines, ästhetisches Gefühl, das ungewöhnlich stark in ihm ausgebildet war, fühlte sich andererseits von der inneren Rohheit und niedrigen Gesinnung der äußerlich so schönen Frau abgestoßen. Sein weicher, anlehnungsbedürftiger Charakter hatte nur die Fesseln Danckelmanns abgeschüttelt, um denen der Gräfin Wartenberg zu verfallen.

In Gedanken ging Friedrich die monumentale Treppe im Innern des Schlosses hinauf. Sein Gefolge hatte ihn diskret hinter den großen Glasscheiben des Vestibüls erwartet. Das Schönheitsgefühl des Königs fand immer wieder Genugtuung an dem herrlichen Treppenhaus, das der große Schlüter unlängst fertiggestellt hatte. Friedrich sah zu der machtvollen Zeusgestalt hinauf, die vom Deckengewölbe die Besiegten hinabschleuderte, daß sie hilflos zwischen den Steinquadern ihre Leiber einklemmten. Der König reckte die kleine, schmächtige Gestalt. Er hatte dies alles schaffen lassen. Sein Wort, sein Geschmack verwandelte diese ärmliche Stadt, diese noch vor kurzem ältliche Burg zu einem Fürstensitz, von dem die Welt sprach! Draußen in Lützenburg hatte er für sich und seine Gemahlin ein Lustschloß gebaut, in dem die Musen und Grazien Wohnung nahmen. Wissenschaft und Kunst nannten seinen Namen, als den ihres Förderers und Mäzens!

Die nach ihm kamen, würden die Früchte seiner Arbeit ernten. – Vielleicht konnten sie nicht einmal beurteilen, welche Mühen und Anstrengungen seine nicht kräftige Natur zu machen hatte, um all dies zu erreichen!

Madame l'Electrice

Heiter, behaglich, mit klugen scharfen Augen umherspähend ist Madame l'Electrice*, die Kurfürstin von Hannover, in Lützenburg, im neuen Schloß ihrer Tochter, der Königin, eingetroffen. Als ob sie einen Sack voll Lebensfreude mitgebracht hätte, schien es den meisten. Ihrer Majestät Augen glänzten wie dunkle Beeren und waren noch heiterer als sonst. Sie freute sich über die Frau Mutter und diese mit ihr. Die Pöllnitz kam sogleich herausgestürzt, als die Kutsche vorfuhr. Sie küßte die feinen Hände der alten Dame, die so viele diplomatische Knoten zu lösen und zu knüp-

* In ihren Briefen an Freunde und Vertraute nennt Sophie Charlotte die Mutter fast immer Madame l'Electrice.

fen verstanden. Die es fertiggebracht hatte, einen Leibniz zeitlebens festzuhalten, und nun leise, vorsichtig, nach der englischen Krone griff, um sie für ihr Haus zu erlangen. Aber die Pöllnitz dachte nicht an die große Politik, sie wollte von Hannover hören! Das liebe Hannover! Wenn sie doch seine Luft wieder atmen könnte! Was trieb wohl die Gräfin Platen? Was die Maitressen Seiner Kurfürstlichen Gnaden? … Das, freilich, erfuhr sie nicht von Madame l'Electrice, das bekam sie erst langsam vom Gefolge heraus oder auf dem Umweg über die eigene, königliche Herrin. Ihr vertraute die Mutter im verschwiegenen Gemach, in geheimen Plauderstunden den ganzen Klatsch aus Hannover an. – Solange die Hofchargen um die beiden fürstlichen Damen tänzelten, schwebten, rannten, je nach Geschlecht, Alter oder Rang, betitelten sich Mutter und Tochter mit Majestät und Kurfürstliche Gnaden. Man war doch kein Bürgervolk, das du zueinander sagte, ohne Achtung und Bildung.

Das Schloß Lützenburg war bisher nicht vollendet. Gänge und einige Zimmer standen noch leer, hatten weder Wandbekleidung noch Deckenmalerei.

Manche Herren und Damen des Gefolges hatten eine ganz erbärmliche Unterkunft. Doch die Räume Ihrer Majestät und die für Madame l'Electrice bestimmten, waren behaglich und künstlerisch ausgestattet. Ebenso auch der große Tanzsaal in Gold und Weiß, mit Bildwerken von dem großen Schlüter. Er war bei der Königin nicht mehr in Gnade, sie zog seit geraumer Zeit den Herrn Eosander von Goethe vor. Man hätte schon getanzt, gewiß, doch der *grand bal* sollte erst am Geburtstag Seiner Majestät sein. Madame l'Electrice freute sich bereits sehr auf den Herrn Schwiegersohn, den sie aufs höchste schätzte. Wie viele ihrer geistreichen Briefe und Briefchen hatte sie ihm schon geschickt. Um die vollen Lippen Sophie Charlottes huschte ein Lächeln, wenn dieses Thema aufkam. Dieser liebe Äsop, sagte sie dann wohl leise am Ohr der Mutter vorbei. Aber die Kurfürstin schüttelte den Kopf, daß die weißen Locken, die zu beiden Seiten des Gesichts voll und seidig herabhingen, sich wie Glocken bewegten.

„Die Welt vergißt so schnell", sagte sie. „Man muß sich groß zeigen, auch vor den Augen der Allgemeinheit, man muß es in die Köpfe hämmern.

Es hat jetzt alles königlich hier zu sein. Preußen muß in königlichem Kleid auftreten. Man muß seiner Umwelt Rechnung tragen. Man kann nicht immer nur die schönen Geister wie Leibniz um sich haben. Zum Königtum gehören Pracht, Glanz und Zeremonien. Das ist nicht Eitelkeit, das ist bildhafte Darstellung des großen Gedankens: Königtum. Distanz von den Dingen! Darüberstehen, wie in einer Wolkenschicht, über Gewöhnlichkeit, über Alltäglichkeit. Diese sollen unter den Füßen eines Königs versinken vor der Größe des Begriffes: Königtum. Vergiß es nicht: Herrscher und Gefangener zugleich ist der König, was ihn zwingt, ist die Idee!" …

In dem Kabinett, am Kamin, saßen die beiden fürstlichen Damen. Leise, eindringlich war die Stimme der Kurfürstin. Nachdenklich, die Augen gesenkt, hörte Sophie Charlotte zu. Dann hob sie die weißen Lider. Bewundernd. Was für eine ungewöhnlich kluge Frau war die Frau Mutter. Es war nicht erstaunlich, daß sie einen Leibniz hielt! Welch beweglicher Geist, welche Durchdringung der Seelen anderer!

Beurteilte die Mutter den König nicht richtiger

als sie, seine eigene Frau? Vielleicht! Bitterkeit, Enttäuschung, die ihren Blick zu Zeiten trüben konnten, fielen bei der Kurfürstin fort. Wer leidet, urteilt anders. Die Entfremdung, die leise zwischen die Gatten getreten war, hätte nach Danckelmanns Sturz schwinden können. Da hatten sich die Wartenbergs an die freigewordene Stelle gedrängt. Der Günstling und sie, die Favoritin.

Sophie Charlottes Hand umfaßte den kleinen Elfenbeinfächer fester. Der Augenblick fiel ihr ein, er lag lange zurück, als sie mit Leibniz unter dem Kronleuchter gestanden und sich rote Striemen in die eigene Hand geschlagen hatte ... Welchen Gewinn konnte sie durch den Sturz Danckelmanns verzeichnen? Äußerlich wenig, und im Inneren? Sie glitt über das Erinnern an diesen Mann fort. Denn der Gedanke, daß seine Strafe seine Vergehen um Ungeheuerliches überstieg, wollte ihre Seele, die in allem anderen weich und gütig war, nicht anerkennen. Immer hatte sie darum gekämpft, sich unabhängig von Menschen zu machen. Dies war eine der vielen Weisheitslehren von Leibniz. Seit ihrer Jugend hatte man sie gelehrt, mit offenen Augen in das Getriebe der Menschen zu sehen.

Alle wurden vom eigenen Dämon getrieben, das Elementare in jedem verlangte sich auszuwirken. War das Schuld? War es nicht vielmehr Schicksal? Danckelmann, die Wartenbergs mußten wohl so handeln, wie sie es getan hatten! Hauptsache blieb: Darüberstehen, sich die eigenen Güter des Geistes, des Herzens, des Wohlwollens nicht rauben lassen. Nur so überwand man das Leben!

Die Augen von Madame l'Electrice waren dem Spiel der Gedanken im beweglichen Gesicht der Tochter klug gefolgt. Sie nahm die Hand, die sich in ihre schmiegte. Neben dem jüngsten, dem geliebtesten Sohn, stand die einzige Tochter ihrem Herzen am nächsten. Sie war Geist von ihrem Geist: Daß ihre Tochter, ihre Figelotte, in Berlin die Sozietät der Wissenschaften gegründet hatte, daß der hochverehrte Freund Leibniz dabei Pate gestanden hatte, beglückte sie, erfüllte sie mit Stolz. Ihrer Erziehung, dem Einfluß des größten Philosophen seiner Zeit, auf das lebhafte, geistig lenksame, hochbegabte Kind verdankte jetzt Preußen diese Königin. Sie hatte dem Volk, dem Land unvergängliche Güter der Kultur zugänglich gemacht. Denn ein Einzelmensch, wie ein Volk, kann nicht untergehen, wenn es die geistigen Güter höherstellt als die greifbaren Besitztümer dieser Erde.

Es kann sich nie ganz verlieren, es wird auch nach einem Fall sich wieder erheben ... Zärtlich, fast dankbar, dabei eindringlich, sagte dies alles Madame l'Electrice zu ihrer Tochter. In den wenigen Tagen, die sie in Lützenburg weilte, hatte sie schon vielerlei gehört, beobachtet, bedacht. Die Reibereien mit den Wartenbergs, die Auflehnung der Königin waren der klugen, alten Dame erschreckend klar geworden. Sophie Charlottes verletzter Stolz hatte diese zu Äußerungen hingerissen, die besser unterblieben wären. In Gegenwart des Erziehers ihres Sohnes, des Grafen Dohna, hatte sie gesagt: „Der König hat in allen Dingen einen vortrefflichen Geschmack. Er hat Geist. Warum ist er für diese Leute eingenommen?"

„Überwinde die Wartenbergs mit Höflichkeit", riet die weltkluge Mutter. „Sie sind allmächtig. Du wirst sie noch einmal nötig haben!"

Madame l'Electrice sollte recht behalten ...

„Ich bin in großer Sorge um meinen Sohn", klagte Sophie Charlotte. Das Klagen war sonst nicht ihre Art, darum sah die Mutter sie fast erstaunt an. „Der Günstling ist Dohna nicht wohlgesinnt.“ Sie vermied es, den Namen des jetzigen Ministers zu nennen. „Er will eine Kreatur nach seinem Sinn an die Stelle setzen. Dohna ist streng, aber mit Fritz kommt man wohl nicht anders aus.“ Sie sagte das fragend, in ihrer Stimme schwang es wie Angst. Ihr Bub, ihr lieber, schöner, ungezügelter Junge! Dann lächelte sie. Madame l'Electrice gab das Lächeln zurück.

Die Tage in Hannover stiegen vor ihrem Erinnern auf, als er ihnen, neben aller Freude, soviel Schrecken durch seine Ungebärdigkeit gebracht hatte – die verschluckte Schuhschnalle, die Drohung, aus dem Fenster zu springen, wenn man ihn strafen würde! Himmel, welche Angst hatten sie und die Erzieherin ausgestanden! Aber welche Lebenskraft, welcher Wille steckte in diesem kleinen Menschen! Sophie Charlotte sprach versonnen:

„Könnte man Dohna halten, bis die Zeit unmerklich vergeht, mein Sohn keinen Gouverneur mehr braucht – ich wäre aller Sorge um ihn enthoben!“

Sie hob halb mechanisch den Fächer vor das Gesicht, um es vor der Glut des Kaminfeuers zu schützen. In diesem Augenblick trat fast unbemerkt der ein, von dem die beiden Damen gesprochen hatten.

„Dohna*", rief Sophie Charlotte erregt, „was bringen Sie vom Kronprinzen?"

„Seine Königliche Hoheit haben geruht, einen seidenen Schlafrock in den Kamin zu werfen", berichtete Graf Dohna trocken.

„Alte Geschichte." Madame l'Electrice hob leicht die Hand. „Warum gibt man ihm immer wieder einen, wenn er es doch tut! Er will nur den Tressenrock, wie die Herren Offiziere."

„Ich sehe Kummer bevorstehen", sprach Sophie Charlotte leise, „und es geht um meinen Sohn. Das mit den Schlafröcken ist ein Nichts. Ich denke an die Sache mit dem jungen Brand." Sie schauderte. „Das gleiche hätte meinem Sohn widerfahren können. Wie können wir seine Wildheit nur bändigen?"

„Der Kronprinz hat sich damals sehr entschlossen gezeigt, als er den Spielfreund festhielt, der

* Alexander Graf zu Dohna-Schlobitten, geb. 1661, wird 1695 Generalleutnant und später Oberhofmeister des Kronprinzen.

zum Fenster hinausgeklettert war", verteidigte Graf Dohna seinen Zögling. Man sah in seinem Gesicht die Befriedigung über die Kameradschaftlichkeit und die Geistesgegenwart des damals Sechsjährigen. „Das ist vorbei." Es kam knapp heraus. „Jetzt handelt es sich darum, daß man mir den Kronprinzen nehmen und ihn in andere Hände geben will." Er sah finster vor sich hin. Aus Pflichtgefühl, aus persönlicher Verehrung für das Herrscherpaar, hatte er diese verantwortungsvolle Stellung übernommen. Vom Feldlager war er geholt worden. Er, der mit Leib und Seele Soldat gewesen war, wurde in Verhältnisse gebracht, die nur Opfer von ihm verlangten. Opfer seiner persönlichen Freiheit, Opfer des Getrenntseins von seiner Familie, des jahrelangen Fernseins von seinen Landgütern in Ostpreußen. Er wußte, daß die Königin darum rang, ihn bei dem Sohn zu lassen, daß die Wartenbergs den Thronerben beim König halten wollten, um ihn dem Einfluß der Königin ganz zu entziehen …

Über den heiteren Raum, in den die hellen Wände den Schein der Girandolen zurückwarfen, Götter und Göttinnen von der hohen Decke herabschwebten, legte es sich dennoch wie eine Bedrückung über die drei Menschen ... Auch Fürsten sind wehrlos gegen schleichende Bosheit. Selbst Könige leiden unter dem, was das Geschick ihnen auferlegt. – Daß sie es mit mehr Haltung tun als andere, ist ihnen Pflicht ... Das Zimmer schien sich zu weiten, wurde heller, immer mehr Menschen traten heran. Kammerpagen brachten Armleuchter, die Schleppen der Damen rauschten. Die Pöllnitz neigte sich vor ihren Herrinnen.

„Ihre Hoheit, die Prinzessin von Ansbach", lächelte sie. „Ihre Majestät haben ein Konzert befohlen." Sophie Charlotte ging, ein reizendes Lächeln um den Mund, mit ausgestreckten Händen auf die junge Fürstin zu, schob ihren Arm durch den des Gastes und führte sie zu dem Klavier. „Meine Liebe", sagte die Königin und verhinderte den tiefen Hofknicks der hübschen Frau. Die Königin liebte sie um ihrer musikalischen Begabung willen. „Ja, die Musik! Wären die Künste nicht, wie ertrüge man das Dasein!" Das Herz wurde ihr warm. Und damit kam auch ein gutes Gefühl des Dankes gegenüber dem Gatten. War doch alles hier eine Gabe seiner Fürsorge für sie, ein Anerkennen ihrer

Besonderheit, ihrer Bedürfnisse. Alles Schöne, das sie umgab, war sein Geschenk. Sie wendete rasch den Kopf zu Dohna, der sich auf dem Weg zum Musiksaal wenige Schritte hinter ihr gehalten hatte. Sie nickte ihm freundlich zu. „Es ist nicht meine Art, die bösen Dinge herbeizurufen, indem ich mich vor der Zeit beunruhige." Ihre Augen leuchteten wieder. Ihr Gang zeigte die Spannkraft, den Lebenswillen des Menschen, der in sich gefestigt ist.

Die Prinzessin von Ansbach saß vor dem Instrument. Der Geiger stand daneben, bereit zum Beginn. Eine feine, liebenswürdige Melodie schwang durch den Saal, schwebte auf zu den Göttern des Olymps, von denen sie zu kommen schien. „Von Buancini", flüsterte jemand Dohna ins Ohr. Hinter einem der Windschirme, die aus den Saalecken Plauderwinkel machten, saßen halbverdeckt der junge Herzog von Mecklenburg und die Herzogin von Kurland. Die Augen der Prinzessin waren beredter als ihr roter Mund, von dem die Königin einmal mit leisem Spott gemeint hatte, daß er nur ein verlegenes „Ach, ja" hervorbringen könne. Doch das war nur dann, wenn Ihre Majestät gar zu gelehrt und zu hoch zu reden geruhten! Der Herzog verstand besser, was die Herzogin zu sagen hatte. Seine warme, feste Hand hielt die feinen Finger, die sich in den Falten des rosa Seidenkleides versteckt hatten. Ein festlicher Schimmer lag über dem Musiksaal von Lützenburg. Die Brokatrobe von Madame l'Electrice breitete sich über das kleine Plaudersofa, in dem die alte Dame, behaglich zuhörend, ruhte. Ihr hoher, schwarzer Kopfputz bewegte sich nach dem Takt der Musik. Sie überdachte noch einmal die Ratschläge, die sie der Tochter erteilt hatte, zu Frieden und Nachgeben gegenüber der Gräfin Wartenberg. Sie sah froh und befriedigt im Saal umher. „Welches Glück", sagte sie halblaut zu sich selbst, „daß dieses nichtswürdige Weib, die Wartenberg, heute abend nicht hier ist."

Graf Christoph Dohna

Nach einem Kuperstich von M. Bernigeroth

*Graf Christoph Dohna**

„Euer Kurfürstliche …, ich meine Euer Majestät“, begann der schöne, sonst so gewandte Graf Christoph Dohna. Der Königsname, zwar noch neu, hätte durch unendliche Wiederholungen und Zeremonien der Umgebung des Königspaares aber eingeprägt sein müssen. Der hohe Offizier, zugleich Welt- und Hofmann, lächelte. Vielleicht dachte er an das Wort, das die Königin Leibniz gegenüber geäußert hatte, daß sie Titel, Pracht und Pomp ihrer Königinwürde geringer einschätze als die geistigen Güter, die sie durch die Gespräche mit Leibniz und seine Belehrungen gewonnen habe.

* Graf Christoph zu Dohna, Generalleutnant und Diplomat, schrieb später Memoiren über den Hof Friedrich I.

„Euer Majestät wollen mir einen Rat allergnädigst gestatten.“ Trotz der unterwürfigen Form sah er gelassen auf die Fürstin, die in einem kleinen Sofa saß, während seine hochgewachsene Gestalt am Kamin lehnte. Er hatte den rechten Arm auf die Marmorplatte gelegt. Heimlich bewunderte die Pöllnitz die Vornehmheit dieser unbewußten Pose. Die Königin nickte, aber ihre großen Augen blickten zornig. Das ewig gleiche, immer lästige Thema: Die Wartenbergs wurden zwischen ihr, der Pöllnitz und dem Grafen Dohna erörtert.

„Euer Majestät müssen die Gräfin Wartenberg empfangen.“ Sophie Charlotte fuhr auf, die Pöllnitz schwieg.

„Was fällt Ihnen ein, Graf? Ich bin nicht einer Ihrer Soldaten, der zu gehorchen hat.“ Das, was sie den Wartenbergs am wenigsten verzeihen konnte, war die Einmischung in die Erziehung ihres Sohnes. Sie intrigierten gegen den jetzigen Erzieher, den Grafen Alexander Dohna, Vetter des Grafen Christoph. Sie machte den Wartenbergs den gleichen Vorwurf, den sie seinerzeit gegen Eberhard von Danckelmann erhoben hatte. Und diese Übermütigen, die den Einfluß des verbannten Ministers an sich gerissen hatten, sollte sie bei sich empfangen! Dieser aus der Tiefe aufgestiegenen Frau sollte sie, die Königin, alle Höflichkeit erweisen?

„Nein", sagte sie kurz. Sie war zu gereizt, um liebenswürdig zu sein.

„Die Gräfin Wartenberg ist eine Macht", fuhr Dohna ruhig fort. „Eine Macht muß man vernichten oder anerkennen. Der Hof von Berlin ist nicht der der Borgia … zu vernichten ist die Gräfin nicht, also …" Er lächelte in seinem Spott. „Das Lächerliche tötet am sichersten. Durch Lächerlichkeit können Eure Majestät sie umbringen. Die schöne Katharina ist höchst ungebildet. Sie war zu faul, um fremde Sprachen zu lernen. Zeichnen Eure Majestät sie doch vor dem ganzen Hof durch eine Ansprache", er machte eine tiefe Verbeugung, „in klassischem Französisch aus. Rasch gesprochen, versteht sie kein Wort und antworten kann sie erst recht nicht." Die Königin, zu allen Zeiten für einen guten oder auch manchmal für einen nicht guten Witz empfänglich, lachte hell auf. „Das Groteske der Situation, der Hohn des ganzen Hofes wird sie in Wut bringen", schloß Dohna hart. Er dachte an Szenen, die sich am Berliner Hof oder sonst in den Hofzirkeln abgespielt hatten. Da hatte sich die Gräfin Wartenberg hinter einer seidenen Portiere verborgen und war in dem Augenblick hervorgestürzt, als die Frau des holländischen Gesandten eintreten wollte. Die Gräfin hatte die Dame mit Gewalt zurückgerissen und war mit hocherhobenem Kopf vor ihr in den Saal und in die Gesellschaft eingetreten. Mit halber Stimme erzählte er diesen letzten Klatsch aus Berlin. Fast widerstrebend, denn seiner Soldatenart lag dergleichen fern. Er wollte der Königin damit kluges und zugleich energisches Vorgehen gegen die Gräfin erleichtern. Dann wendete er sich mit einem kleinen, satirischen Lächeln zu der Hofdame:

„Mein Gewährsmann für diese Geschichte ist übrigens Ihr Vetter, der Herr Kammerherr von Pöllnitz.“ Die Hofdame zuckte gelassen die Schultern.

„Mein lieber Vetter übertreibt manchmal ein wenig. Immer kann man sich nicht auf ihn verlassen. Doch diesmal wollen wir annehmen, daß er recht hat.“

König Friedrich I. von Preußen

Nach einem Kuperstich von M. Bernigeroth

Der König

Seine Majestät der König."

Die Läufer, die der königlichen Karosse voraneilten, hatten es den Wachen am hohen Gittertor zugerufen. Diese gaben den Ruf der Schloßwache weiter. Als der Wagen, schwer in den Gurten hängend, in den Ehrenhof einfuhr, traten die Wachen unter Gewehr, die Offiziere hielten die Hüte im ausgestreckten Arm. Der König grüßte leicht, freundlich. Er verließ den Wagen ohne Hilfe. Diese schmale, etwas verbogene Gestalt schritt rasch und gewandt, trotz der hohen Absätze, die wenigen Stufen zu der marmornen Vorhalle hinauf. Kammerjunker standen rechts und links des Teppichs, der die Steinplatten bedeckte. Von dem Marmorweiß der Wände hob sich das dunkle Grün der Orangenbäume ab, das letzte Geschenk des Königs an seine Gattin. – Diese wollte dem galanten Gemahl gleich hiermit ihren Dank abstatten. Aus dem gegenüberliegenden Gartensaal kam die Königin Friedrich entgegen. Ihre weiten Röcke rauschten und bauschten sich, ein kleines Lächeln machte ihren Mund weich und liebenswürdig. Der Anblick seiner Frau vertrieb für den Augenblick den sonst festgehaltenen Zug von Würde. Auch er lächelte. Immer wieder fühlten beide bei ihrem Wiedersehen dieses Erfreutsein und daß sie zueinander gehörten. Trat Zeit zwischen sie, oder beanspruchten sie andere Menschen, dann schob sich diese künstliche Wand ein. Sie rollte sogleich fort, waren sie Auge in Auge. Niemand stand in Friedrichs Bewunderung und Verehrung höher als seine Gattin. Jetzt führte er ihre Hand an die Lippen, bot ihr nach Hofsitte die Fingerspitzen. Langsam schritten sie hinein, durchquerten den Gartensaal und betraten durch weit geöffnete Türen das rechts gelegene Wohnzimmer der Königin. An der Schwelle wandte sich Friedrich zu seinem Gefolge: „Meine Herren", sagte er verabschiedend. Die Angeredeten hielten den Schritt an, hinter dem Königspaar schloß sich die Tür.

„Ich zählte die Stunden bis zu unserem Wiedersehen“, sagte Friedrich. Er hatte die Königin zu einem Sessel geführt, neben deren Lehne er stehenblieb. Er sah zu ihr herab, dann ließ er ihre Hand, die er noch gehalten hatte, fallen. Ein leicht resignierter Zug kam um seine schmalen Lippen. Was er in ihren Augen las, war Güte, Heiterkeit, ein klein wenig Überlegenheit, sonst nichts.

„Madame l'Electrice ist noch hier“, fuhr er rasch fort. „Ich werde hocherfreut sein, sie später zu begrüßen.“ Er trat an das Fenster. Hinter der vorgelagerten Terrasse leuchteten die Blumenparterres. Weiter breiteten sich Wiesen aus, begrenzt von Gebüsch. Auf dem kleinen See sah er das buntbewimpelte Schiff. Der nach berühmtem Muster angelegte Garten war sein geheimer Stolz. Sophie Charlotte sah mit leiser Belustigung das befriedigte Lächeln des Königs.

„Ihr Schloß und Garten soll ein Kleinod werden, meine Königin“, sagte er galant.

„Darin auch mein König sich wohl fühlen möge“, erwiderte sie liebenswürdig. Leichte Ungeduld stieg in ihr auf. Hatte ihr lieber Friedrich den Hofstaat verabschiedet, um ihr solche Höflichkeiten zu sagen? Sie hätte gern mit der Pöllnitz über die Damen, die mit dem König gekommen waren, geredet. Dabei ihre Tasse Schokolade getrunken. Trotz der Mahnungen von Madame l'Electrice. „Ah, davon werde ich nicht dick! Das ist Naturanlage ..."

„Ich habe für meine liebe Königin Gäste mitgebracht." Friedrich sprach es ein wenig in die Luft. Die Hofgesellschaft, die promenierend die breite Terrasse vor dem ebenerdigen Fenster belebte, hatte sich um verschiedene Gestalten vermehrt. Den Mittelpunkt bildeten zwei Damen, die jetzt dicht vor dem Fenster vorbeieilten, daß der feine Kies von den Röcken aufgewirbelt gegen die Scheiben sprühte. Hatte die eine hereingesehen, gelacht? Sophie Charlottes Augen weiteten sich. War die Wartenberg doch gekommen? Hatte sie die Dreistigkeit soweit getrieben, die Schwäche des Königs auszunutzen? Kälte stieg in ihr auf, legte sich auf das gute, warme Gefühl von eben. Sie fühlte ihre Hand ergriffen.

„Meine liebe Freundin", sie hörte die leise, bittende Stimme Friedrichs, sah ihn an. Fast hätte sie gelacht ... Er hat Angst vor der Person, dachte sie belustigt. Hatte der Günstling mit seinen Intrigen, die Gräfin mit ihren Zornausbrüchen und Weinkrämpfen den König ganz eingefangen? Er, der sich eine Königskrone gewonnen hatte durch Klugheit, Charakterstärke, Zähigkeit, ließ sich von seinem Hof so elend tyrannisieren ... Das Lächeln um ihren Mund wurde zum Lachen. Die Situation war gerettet! Er atmete erleichtert auf. „Fritz geht es besser", sagte er unvermittelt. Sie sah ihn erschreckt an: „Ist er krank?" Sie saß am Kamin, aus dem die Glut der lodernden Holzstöße das Weiß und Gold des Raumes aufleuchten ließ. Dickbäuchig standen die chinesischen Vasen auf ihren Postamenten. Fast hätte Sophie Charlotte eine davon umgeworfen. So rasch war sie aufgesprungen. Friedrich hob beruhigend die Hand.

„Er ißt zuviel, er verträgt das schwere Bier nicht. Ich lasse ihn schon gar nicht mehr von mir." Sophie Charlotte wurde ein wenig rot. Der König war äußerst mäßig. Er machte sich viel Bewegung, ritt und ging auf die Jagd. Immer wieder bewunderte sie die Energie, mit der er seinen schwächlichen Körper stählte, leistungsfähig machte. Sie selbst war nicht für viel Bewegung. Eine Promenade im Garten, auch wohl, daß sie die Pöllnitz am Arm ergriff und mit ihr über das Parkett tanzte, wie in Herrenhausen, als sie jung war! In Hannover hatte man stets viel und lange getafelt. Sauerkraut, Schweinebraten und Würste. Madame, die Herzogin von Celle, geborene d'Olbreuse, hatte sich des öfteren darüber aufgehalten und ihre französische Nase gerümpft.

„Eure Majestät werden große Freude an meinen Schauspielern haben", sagte sie plötzlich ganz offiziell. „Madame l'Electrice war von ihnen ganz entzückt."

Friedrich saß ihr gegenüber, ganz versunken in seinem Sessel. Jetzt, wo man seine Gestalt kaum sah, das Licht des Feuers nur sein Gesicht beleuchtete, dachte sie an den Ausspruch ihrer Mutter, als er das erste Mal nach Hannover gekommen war. Wirklich, sein Gesicht konnte fast für schön gelten, mit der klaren, hellen Haut, der Feinheit der Züge, den gütigen Augen. In diesem Augenblick schien es ihr sehr liebenswürdig.

„Mein Freund hat Kummer", sagte sie mit halber Frage. Trotz seiner Beherrschtheit las sie in seinen umschatteten Augen Sorge, Unruhe. Er nickte.

„Mein lieber Kameke ist schwer krank, verwundet.“ Friedrich hatte die Stirn in die Hand gesenkt.

„Verwundet?“ Sophie Charlotte kannte die Vorliebe des Königs für seinen Kammerpagen, wußte, wie treu der junge Mensch an seinem Herrn hing. Trotzdem wollte sich etwas in ihr widersetzen. Stand ihm der Sohn nicht näher? Freilich, Friedrich Wilhelm hatte nur ein leichtes Unwohlsein. Aber sonst! War er nicht jammervoll vernachlässigt! In seiner Erziehung, seinen Manieren. Hatte er etwas anderes im Sinn als immer nur Soldaten oder die Jagd? Und geizig war er auch. Sparte seine paar Dukaten! War das nicht gräßlich! Mitten in ihre aufrührerischen Gedanken hinein erzählte der König ein Vorkommnis, das ihr sehr alltäglich erschien, häufig bei den Hofherren oder Offizieren vorkam. Einer von diesen hatte Streit mit dem jungen Kameke gesucht, ihn dann einfach niedergeschossen. Und das Übelste, Graf Wartenberg, der Minister, war für den Mörder eingetreten! Des Königs Stimme zitterte vor Zorn, als er die Worte wiederholte, die er ihnen zugeschrien hatte. Denn auch die Gräfin hatte einen Fußfall gemacht. „Niemals haben Sie mich für einen Unglücklichen um Gnade gebeten und tun es nun für diesen Mörder."

Die Königin richtete sich in ihrem Sessel auf. War das der Anfang vom Ende? War dies eine Bresche in die Macht der Wartenbergs? Gab es doch Grenzen? Dann sollte der kleine Kameke, das unschuldige Opfer, gesegnet sein. Sie griff nach Friedrichs Hand, fand Worte der Teilnahme, der Herzlichkeit. Es kam ihr der Gedanke, das Bild des Sohnes hinter die Gestalt des fremden jungen Menschen zu stellen. Was diesem an Unrecht angetan worden war, zu empfinden, als sei es ihrem Kind geschehen. Die Vernachlässigung seiner Erziehung, die sie, wie alles Böse, den Wartenbergs zuschrieb, gab ihrer Erregung Ausdruck. Ließ ihr kluges, mütterliches Herz aber auch warme Worte finden.

Der König griff dankbar nach ihren Händen, drückte die Lippen darauf.

Spiel in Lützenburg

Im gelben Damastzimmer standen die Spieltische. Der von Madame l'Electrice war in der Nähe des Kamins. Die alte Dame fröstelte immer ein wenig, trotzdem hier der Fußboden unterheizt war von den Heizröhren, durch die das heiße Wasser floß, die Zimmer erwärmte und das Bad des Königs speiste. Über dem Kamin war das große Dreikönigsbild, die Herrscher von Preußen, Polen, Dänemark. Im Scharlachmantel, die Kronen auf den Häuptern. Wenn das Feuer des Kamins aufzuckte, schien es, als bewegten sich die Gestalten. Die Königin wartete, ebenso Madame l'Electrice. Es war warm und behaglich im Raum. Hier wurde meist der Tee genommen. Auch heute standen die feinen, zerbrechlichen Delfter Schalen auf den

Tischen. Es war später Nachmittag, draußen rauschte der Regen. Ein leises Plaudern ging von Tisch zu Tisch, auch vom Nebenzimmer klang ein Wort, ein diskretes Lachen herüber.

„Wo bleibt Seine Majestät?“ fragte Madame l'Electrice ein wenig ungeduldig. Sie liebte es nicht, auf ihr Spiel und ihren Tee zu warten. Da schlugen die Türen zurück, der König trat ein. Er begrüßte Madame l'Electrice und die Königin. Die anwesenden Damen versanken in den weiten Röcken, die Herren verneigten sich so tief, daß die Allonge ihnen über die Gesichter fiel und die Degen in die Höhe standen. Dann verteilte sich die Gesellschaft an den Tischen. Der König nahm teil am Spiel der Kurfürstin, indes der Tisch der Königin an einem der hohen Fenster stand, von denen seidene Gardinen herabhingen. Hinter ihr, ohne am Spiel teilzunehmen, saß Leibniz. Sie wendete den Kopf:

„Der König ist bedrückt, was mag geschehen sein?“ Sie sprach so leise, daß nur er sie verstehen konnte. Er blickte sie prüfend an, in dem Bewußtsein, daß man den Namen Danckelmann vor ihr nicht nennen durfte. Diese Frau, sonst billig denkend und gerecht, urteilte doch in diesem einen Fall nur aus dem Gefühl des Hasses und der Abneigung heraus. Es ging schon längst ein Raunen durchs Land, daß alles das, was man Danckelmann vorgeworfen hatte und doch nie beweisen konnte, mit größerem Recht seinem Nachfolger Kolbe zur Last gelegt werden mußte. Nämlich: Untreue in der Verwaltung, Bereicherung aus den Staatskassen. Daß die Königin sowohl Danckelmann wie auch Kolbe von Wartenberg als Feinde ansehen mußte, war Leibniz bekannt. Jede Kleinheit lag ihm fern. Er scheute davor zurück, ein Aufblitzen des Triumphes in den Augen der Fürstin zu sehen, die er vor allen Frauen bewunderte und hochhielt. Er wich ihr aus, da er den Grund der Verstimmung des Königs hier nicht aussprechen mochte.

„Der Herrscher eines Volkes trägt mehr Lasten und Verantwortung als andere und ist doch auch nur ein Mensch. Wer die Macht hat und ein Gewissen wie unser Herr, verzehrt sich im Dienst für das Volk." Die Stimme von Madame l'Electrice klang herüber.

„Die Königin Anna von England läßt sich zu sehr von ihrer Umgebung beherrschen. Es ist ein

Unglück, wenn eine Königin sich nicht gegen eine ränkesüchtige Frau wie die Herzogin von Marlborough", sie sagte Marlbrouk, „durchsetzen kann." Seit der englische Gesandte, Lord Macclesfield, im vergangenen Jahr, in Hannover der Kurfürstin die Erbschaftsakte des englischen Parlaments überreicht hatte, der zufolge sie und ihre Nachkommen, als aus letztem Stuartblut, Erbansprüche an den englischen Thron besaßen, gingen ihre Gedanken mehr denn je über den Kanal. Die Kritik, die sie an der jetzigen Königin Anna übte, war nicht immer liebevoll. Ihr Wunsch, eine Heirat mit dem Kurprinzen, ihrem Sohn, war kühl abgelehnt, ein dänischer Prinz ihm vorgezogen worden. Der König schien sehr gereizt an diesem Abend. Denn er, der sich sonst in Liebenswürdigkeit gegen die Frau Schwiegermutter erging, sagte einigermaßen scharf:

„An jedem Hof gibt es intrigante Frauen, und wenn die Herrscher sich scheinbar von ihnen beherrschen lassen, so gibt es manchmal sichtbare oder auch geheime Gründe dafür." Er hatte das Wort „geheim" sehr betont. Die Kurfürstin wurde blaß unter ihrer Puderschicht. Das galt ihrem Hof, galt der Gräfin Platen. Der allmächtigen Maitresse ihres verstorbenen Gatten, des Kurfürsten. Jener dämonischen Frau, der man das geheimnisvolle Verschwinden des schönen Grafen Königsmarck zuschrieb. An das unheimliche Gerücht von der Ermordung des Grafen im Schloß von Hannover durfte nie gerührt werden. Rief der König schlafende Gespenster auf? Leibniz hatte sich leise erhoben, sich der Kurfürstin genähert. Sein Bestreben, immer wieder alle Unebenheiten zwischen den Höfen von Berlin und Hannover zu glätten, machte ihn besorgt um den weiteren Verlauf des Gespräches. Er verstand seine kluge Freundin nicht. Mußte nicht der König ihre Bemerkung über die Herzogin von Marlborough als eine Anspielung auf die Gräfin Wartenberg auffassen? Als einen versteckten Angriff! Er durfte es sich erlauben, die nach den Worten des Königs entstandene Stille gleichsam auszulöschen. Er begann von seinen Reisen zu sprechen, von seinen Erlebnissen an den vielen Höfen, an denen er, der Mann von europäischer Berühmtheit, der größte Gelehrte seiner Zeit, als hochgefeierter Gast empfangen wurde. Dies, allen Anwesenden bekannt, betonte Leibniz in keiner Weise, sondern wählte einen leichten Plauderton. So erreichte er, daß die Spannung nachließ, der Druck, der sich über dem Raum ausbreiten wollte, verschwand.

Als am Schluß des Abends Leibniz sich von den beiden fürstlichen Damen mit einem leisen Lächeln verabschiedete, folgten ihm dankbare Blicke. „Dieser vortreffliche Leibniz", flüsterte die Tochter der Mutter lächelnd zu, „er spielt doch immer ein wenig die Vorsehung."

Sophie Charlotte hatte noch ein Plauder- und Klatschstündchen mit der Pöllnitz. Lachend berichtete diese ihrer Herrin, daß Milord Raby, der englische Gesandte in Berlin und Verehrer der Gräfin Wartenberg, Vater geworden sei und daß man ihn damit hänsele, Preußen einen Engländer geschenkt zu haben. Daß die Gräfin aus Zorn, weil dies bekannt geworden war, ihre Dienstboten verprügelt und der Graf seinen Teil an zornigen Redensarten bekommen habe …

Dann kochten sich die beiden Damen noch eine dicke Schokolade, da eine neue Sendung eingetroffen war.

Tafel in Lützenburg

In der langen Galerie war die Tafel mit Silbergeschirr und dem erlesensten Porzellan gedeckt. In flachen Goldschalen lagen Früchte. Blumen fehlten nicht. Dennoch war alles betont einfacher als bei den großen Gastmahlen im Schloß zu Berlin. Hier warfen Spiegelwände in Endlosigkeit die geschmückte Tafel, die Gesichter der Umsitzenden zurück. Der König saß in der Mitte, rechts von ihm Madame l'Electrice, links die Herzogin von Kurland. Dem König gegenüber, zwischen dem Herzog von Mecklenburg und dem Markgrafen von Schwedt, die Königin. Leibniz, der am folgenden Tag wieder abreisen wollte, saß auf Verlangen von Madame l'Electrice neben dieser. Es war heute keine große Angelegenheit mit getrennter Marschallstafel, mehr ein Familienmahl. Auch die Pöllnitz saß weiter unten, ebenso Baron Bülow und Canitz, der Dichter und Hofmarschall. Der Herzog von Mecklenburg, der zu seiner Linken die Markgräfin von Schwedt hatte, warf, sooft die Königin ihn im Gespräch losließ, seine Blicke zur Herzogin von Kurland. Der verwitweten Schwester des Königs.

Diese begann wie eine Pfingstrose zu glühen. Sophie Charlotte bemerkte dieses Blickspiel. Sie hatte selbst die beiden getrennt. Es konnte aus der Sache nichts werden, und es war nicht notwendig, daß sie sich so vor dem König bloßstellte. Madame l'Electrice mit dem hohen, schwarzen Kopfputz, den sie ständig seit dem Tod des Kurfürsten, ihres Gatten, trug, ragte über die Köpfe aller Anwesenden hinaus. Wie gebannt hingen die lustigen Augen des Markgrafen Albrecht an dem Spitzenturm.

„Sieht sie nicht aus wie die Gräfin von Orlamünde*, wenn sie im Schloß zu Berlin spuken geht?" flüsterte er mit unterdrücktem Lachen sei-

* Das Hausgespenst der Hohenzollern, die Weiße Frau, war eine Gräfin von Orlamünde gewesen.

ner Nachbarin und Schwägerin, der jungen Markgräfin von Schwedt, zu. Diese, jederzeit zu Lachen und Heiterkeit bereit, stopfte ihr Spitzentaschentuch in den Mund.

„Aber nein", gab sie zurück, „die geht doch in Weiß."

„Wenn sie einen Tod ansagt, hat sie schwarze Handschuhe an und eine schwarze Haube auf." Ihr lief es plötzlich eiskalt über den jungen, rosigen Rücken. Unter der Schminke wurde ihr Gesicht weiß.

„Unterhalten Sie mich besser, mein Lieber", befahl sie, „Gespenstergeschichten sind nicht mein Geschmack."

„Ich finde an den alten Heimlichkeiten mehr Geschmack als an den neuen", erwiderte er gelassen. Sie sah ihn von der Seite her an.

„Sie werden geistreich, mein Bruder." Es klang wie eine Warnung. Er griff eine Rose aus dem blutroten Rubinglas vor ihm und legte sie neben ihren Teller. „Diese Gläser sollten wohlverwahrt in einem Schrank stehen. Denn sie sind unseres Herrn Vater teuerste Erfahrungen." Ein Spitzbubenlächeln ging um seinen hübschen Mund. In ihren Augen war die Frage, ob er im Ernst oder Scherz redete. „Kennt meine Schwester den Kaninchenwerder bei Potsdam? Nein! Dann werde ich Euer Liebden einmal im Boot hinüberrudern."

„Ich denke, mein Bruder führt nur die Zügel von Kutschpferden?" Er hatte einst die Königin und ihre Mutter von Berlin nach Hannover gefahren, vom Kutschbock aus, im roten Samtrock.

„Ich kann auch rudern. Auf dem Kaninchenwerder lebte einst ein Zauberkünstler, ein Goldmacher." Leibniz, den das Plaudern des hübschen Jungen belustigte, neigte sich über den Tisch.

„Darf ich zuhören, Hoheit?" Der junge Markgraf wurde rot. Er hatte auf keine anderen Zuhörer gerechnet. Jetzt sollte er vor dem großen Leibniz reden! Aber dieser sah ihn freundlich an. Er lachte.

„Die Goldmacher waren in unseres Herrn Vaters Jugendtagen eine berühmte Gilde und auch später noch. Es gab einen an jedem Hof. Warum nicht auch in Kurbrandenburg? Der unsrige hieß Kunkel."

Die Unterhaltung am Tisch stockte. Der König wendete den Kopf. Er liebte seine Brüder, besonders diesen. Die muntere, liebenswürdige, tollköpfige Art des Jüngsten erfrischte ihn. So wie diesen hätte er sich den eigenen Sohn gewünscht. Der Markgraf verneigte sich tief.

„Kunkel hauste in einer Hütte an der Spitze der Insel, der Breite des Sees zugelegen. Sein Schmelzofen glühte nachts, und die Fischer, die auf den Fang nach Schleien und Karauschen fuhren, meinten, der Teufel in Person hause da und machten einen weiten Bogen um den Kaninchenwerder. So blieb Kunkel, der in Tiegeln und Retorten Versuche vornahm und für unseren Herrn Vater Gold machen sollte, ungestört. Doch er fand weder den Stein der Weisen noch das Geheimmittel, sondern was er entdeckte, war dies." Der Markgraf hielt das leuchtende, kostbare Glas hoch. Wie Blut rann die Farbe über seine Hand, im Schein der hundert Kerzen der Tafel.

„In den Glasfuß rann das Gold und gab ihm die unvergleichliche rote Farbe." Er verneigte sich vor dem König. „Was wurde aus Kunkel?" fragte er.

„Kunkel", sagte langsam Friedrich, „war als ein Erfinder und nicht als ein Betrüger von unserem Herrn Vater angesehen. Während an anderen

Höfen Betrüger ihr Wesen trieben, erfand Kunkel das Rubinglas. Weder in Dresden noch in München, selbst in Paris nicht hat jemand diese köstliche Farbe entdeckt." Er sagte es mit Stolz.

„Aber ein Haufen Gold ging dabei verloren", sagte vorlaut der junge Markgraf.

„Das Gold soll man nicht in Koffern aufspeichern", erwiderte der König mit ungewohnter Schärfe. „Das Geld muß roulieren,* dazu ist es da. Dazu hat es Gott auch mir verliehen und daß ich anderen damit helfe."

Dachte er an die großen Summen, die er den Verbündeten geliehen hatte, zum Kampf gegen den französischen König, den Verwüster der Pfalz?

Ein Lächeln nahm die Strenge von seinem Mund. Er dachte an so manches Brautpaar, das er ausgestattet hatte, das ihm den häuslichen Herd dankte. Kinder waren gut für das Land, das der große Krieg menschenleer gemacht hatte. Der König erhob sich.

Sein Blick hatte die Herzogin von Kurland gestreift. Nicht wohlwollend.

---

* „Das Geld muß roulieren", ein historisches Wort Friedrichs.

Leibniz lächelte leise. Er entsann sich des Geflüsters um sie und ihren Lebenswandel. Der König war streng in dieser Hinsicht. Sein reformiertes Bekenntnis, die Erziehung seiner Jugend, ließen ihn geringen Geschmack an Leichtfertigkeiten seiner Umwelt finden. Pracht und Glanz mußten sein, diese waren notwendig zur würdigen Vertretung des Königtums nach außen. Er war auf den Wunsch der Königin, ein Theater in seiner Hauptstadt bauen zu lassen, bereitwillig eingegangen, in das er selbst fast nie hineinging. Es spielten da berühmte Künstler.

Er hatte Bildhauer nach Italien geschickt, die ihm Abgüsse antiker Kunstwerke anfertigten, die dann in den hohen, prächtigen Sälen über dem Marstall aufgestellt worden waren. Die Gründung der Sozietät der Wissenschaften hatte er freudig begrüßt. Denn Kunst und Wissenschaft zu fördern war Pflicht des ersten Mannes seines Volkes.

Ein Fürst hat nicht die Aufgabe, dem Volk ein braves Bürgerdasein vorzuleben … Aber Leibniz dachte nicht in diesem Augenblick seine eigenen Gedanken, es war, als läse er, jetzt, da er sich für längere Zeit von dem Hof in Lützenburg löste, die

Gedanken des Königs. Der Gelehrte schaute ihm nach, wie er, Madame l'Electrice an den Fingerspitzen führend, in die lichterhelle, scheinbar endlose Reihe der in Gold, Farben und Plastik geschmückten, strahlenden Räume schritt.

Diese kleine, unansehnliche, schmale Gestalt mit der gemessenen Haltung, den langsamen würdigen Bewegungen, von dem einen übermächtigen Gedanken seines Lebens gehalten und getragen. Die schier grenzenlose Kraft und Gewalt der Idee, dachte Leibniz, verkörpert sie sich nicht fast unglaubhaft in diesem Mann? Versetzt der Glaube bei einzelnen Menschen nicht Berge? Er starrte der kleinen, schmalen Gestalt nach, die auf ihren schwachen Schultern unbeirrbar die Idee des Königtums trug.

Friedrich Wilhelm I.

Nach einem Kuperstich von M. Bernigeroth

Der Kronprinz

Der Kronprinz war nach Lützenburg gekommen. Die Königin hatte wie immer darauf bestanden. Er wäre lieber zur Parade seiner Kadetten-Kompanie geritten!

Dohna hatte das Verlangen der Königin sehr energisch unterstützt. Mit zusammengekniffenen Lippen stand Cramer, der Lehrer Seiner Königlichen Hoheit, dabei, als diese Erörterung im Zimmer des Kronprinzen im Schloß zu Berlin stattfand. Die schöne und sehr elegante Gestalt des Grafen Dohna, des Gouverneurs und Oberhofmeisters des Kronprinzen, konnte in solchen Augenblicken einen Hochmut verkörpern, der die Seele des Gelehrten und bürgerlichen Lehrers recht herzlich ärgerte. Cramer zerkaute zwischen den Zähnen etwas vom Weiberregiment. Wie ein Echo kam es von dem jungen, hübschen Mund des Kronprinzen zurück: „Was soll ich bei den Weibern?“

Ein scharfer Seitenblick Dohnas traf Cramer. Doch nie hätte er der Autorität Schaden zugefügt, indem er vor dem Zögling den Lehrer tadelte. Nicht scharf oder befehlend, aber doch jeden Widerspruch abschneidend, kam die Anordnung: „Sie werden dem Befehl Ihrer Majestät folgen, mein Prinz.“ Cramer hatte er den Rücken zugekehrt, als er zu dem Prinzen sprach. Sein Blick glitt in geheimem Wohlgefallen über die gut gebildete, kraftvolle Gestalt des Thronerben, über das schöngeformte Gesicht mit den eigensinnigen blauen Augen. Dieser Knabe, der schon wie ein Mann war, gab seinen Eltern und Erziehern viele Nüsse zu knacken. Dohna kannte die heiße Liebe der Königin zu ihrem einzigen Sohn. In unzähligen Briefen und Unterredungen hatte sie mit dem Erzieher die schwierigen Charaktereigenschaften besprochen, ihrer Sorge um ihn Ausdruck gegeben. Im Grunde verstand Dohna auch, daß sie ihn verwöhnte. Friedrich Wilhelm hatte, wenn nicht sinnloser Jähzorn oder Eigensinn ihn schüttelten, ein weiches Herz. Jetzt freilich kam nicht dieses, sondern der wildeste Eigensinn zum Vorschein. Er lief zum Zimmer hinaus und warf die Tür krachend hinter sich zu. Dohna lächelte. Daß er dennoch zur festgesetzten Stunde den Wagen nach Lützenburg mit ihm besteigen würde, wußte er …

Den Vorreiter voran, fuhr der Wagen über die Brücke und dann die Lindenreihen entlang. Zwischen den letzten niedrigen Häusern der Stadt, wo der Holzdamm aufhörte, rollten die Räder langsamer, und auch im Wald, wo das Wild gehegt wurde, ging es auf sandiger Straße nicht schnell. Man war an diese Wege gewöhnt, nahm sie gelassen hin, verkürzte sie sich mit Gespräch oder Lektüre. Dohna war heute die lange Fahrt nicht unlieb. Er hatte, seit der Kronprinz seine Kompanie junger Edelleute einexerzierte, jeden Gamaschenknopf mit Eifer besichtigte, nicht sehr viel Gelegenheit zu erzieherischem Einfluß. Er sah mit Mißfallen das wenig gepflegte Äußere, die ungewaschenen Hände, die Flecke auf dem militärisch geschnittenen Tressenrock.

„Ich werde Ihnen einen anderen Kammerdiener bestellen", sagte er und wußte doch, daß Strahlow vorbildlich war. Er hatte die Erfahrung gemacht, daß sein Zögling nur störrischer und unzugänglicher wurde, wenn man ihn hart anfaßte. Trotzdem hatte er eben schärfer gesprochen als sonst. Als Offizier und an militärische Exaktheit gewöhnt, haßte er das Vernachlässigen der eigenen Person.

Als sie in den Wald kamen, lugte der Knabe nach allem Getier und erzählte, daß ein Hirsch kürzlich in den Park von Lützenburg gekommen sei, dort großen Schaden angerichtet habe und daß er ihn schrecklich gern erlegen möchte. Doch Dohna lag nichts an einer Unterhaltung über den königlichen Wildbestand. Er wollte mit seinem Zögling über anderes reden. Allein dieser kam ihm zuvor. Von scharfem Verstand, väterlichem wie mütterlichem Erbteil, begann er, anlehnend an vorausgegangenen Religionsunterricht, dem Erzieher unbequeme Fragen zu unterbreiten.

„Man lehrt mich, daß man Lüge und Heuchelei verabscheuen soll, und doch höre ich alle Leute am Hof von früh bis spät einander anlügen. Man soll nicht fluchen. Denn das widersteht den zehn Geboten, aber die sämtlichen Kammerherren fluchen wie die Stallknechte …

Ich soll nicht überheblich sein. Denn vor Gott sind wir alle gleich. Trotzdem speist Herr Cramer nicht mit Ihnen und mir, obgleich er mein Lehrer und ein Gelehrter ist, sondern mit Strehlow, dem Kammerdiener." Dohna wurde es heiß. Wie unerbittlich logisch war dieser Junge! Er mußte sich mit einer Phrase helfen. Denn wie sollte er, zwischen Berlin und Lützenburg, die Welt- und Ständeverordnung, wie sie nun einmal geworden war, auseinanderfalten. Er sagte: „Das, was man Sie lehrt, ist ein schönes Vorbild, dem wir nacheifern sollen. Unsere Fehlerhaftigkeit hindert uns oft an der Erfüllung. Ich werde später, bei besserer Muße, auf diese Punkte zurückkommen." Sie hatten den Wald verlassen, das freundliche Dorf Lützenburg lag vor ihnen. Dahinter, auf weitem, freiem Platz das Schloß. Der Kronprinz, ganz der Wirklichkeit hingegeben, betrachtete interessiert die stetig fortschreitende Bautätigkeit, fand, daß die Maurer zu langsam arbeiteten für den Lohn, den der König ihnen zahlte. Dann fuhr der Wagen in den weiten Schloßhof ein. Als Friedrich Wilhelm mit Dohna den Kuppelsaal betrat, lief draußen an den Fenstern, über die Terrasse zu den Gärten, eine hellgekleidete, leichte Frauengestalt vorbei. Die junge Markgräfin von Ansbach, erkannte Dohna und bemerkte belustigt und ein wenig betroffen die glühende Röte im Gesicht des Knaben. Hatten die recht, die behaupteten, daß der junge Kronprinz schon eine Liebe für die schöne Prinzessin im Herzen trage?

Durch die breiten Alleen des nach dem Plan des großen Le Notre angelegten Gartens gingen Mutter und Sohn. Oft schien es Sophie Charlotte, als sähe sie in das Doppelantlitz des Janus bei diesen Spaziergängen. Die eine Seite: Freude, mit ihrem geliebtesten Menschen, ihrem einzigen Kind zusammenzusein. Die andere Seite: Sorge, Kummer und heftiger Ärger über die eigensinnige, widerspenstige Art dieses Kindes. Mit halbem Lachen gedachte sie einer Szene vor wenigen Tagen. Sie hatte den Sohn gescholten, berechtigt, wie es ihr schien. Er hatte ihr ungezogen geantwortet. Mit heißen Köpfen hatten sie einander gegenübergestanden. Da war Leibniz ins Zimmer getreten mit der Frage, ob das hier die Königin von Preußen und der Kronprinz seien oder Agrippina und Nero? Daß sie ebenso eigensinnig war wie er, wußte sie nicht, wenn sie leidenschaftlich des Sohnes Wesensart nach der eigenen umzubiegen trachtete. Vor ihrem hohen und edlen Sinn schwebte ein erhabenes und vornehmes Bild, nach dem sie diesen Fürstenknaben zu formen wünschte, der einmal der Herrscher eines ganzen Volkes werden sollte ... Keiner, auch der Klügste und Überlegenste nicht, kann sich von den Anschauungen, den Strömungen seiner Zeit, ganz freihalten. Damals galt als Summe vortrefflichster Grundsätze für Jugenderziehung das Buch, das Monsieur de Fénélon, der Bischof von Cambrai, für seinen Zögling, den jungen Herzog von Burgund geschrieben hatte, der während zwei Jahrhunderten berühmte „Telemach". Darin bewegte sich mit viel Anstand und Wohlerzogenheit der junge Prinz von Ithaka, von seinem Erzieher, dem weisen Mentor, der die Stelle des verschollenen Vaters Odysseus einnahm, aufs beste betreut. So wenigstens erschien Telemach dem jungen Kronprinzen, der den Tugendspiegel allmählich zu hassen anfing, da ihm seine Vortrefflichkeit unaufhörlich als Muster gezeigt wurde. Zwar erkannte er die guten und edlen Gedanken in seinem Inneren an, er hat es als Mann später ausgesprochen – jetzt aber wendete er sich störrisch davon ab. Und gerade dieses Buch hatte die Mutter zur Grundlage für die Erziehung ihres Sohnes gewählt. Ihr scharfer Blick, der das Wertvolle erkannte, hatte unter der Spreu der Phrase die Goldkörner erblickt. Sie hatte einen Auszug aus dem Buch anfertigen lassen, zum Teil wohl selbst verfaßt.

„Mein Sohn", begann sie, „von einer guten Erziehung hängt das Glück des ferneren Lebens ab." Es waren Klagen zu ihr gekommen, von dem unartigen Benehmen des Kronprinzen gegen die Hofdamen. Er hatte Worte gebraucht, die sich der Wiedergabe entzogen. Jetzt schwieg er verstockt. Gewiß, er liebte seine schöne und kluge Mutter, aber die anderen Frauen am Hof, mit einer Ausnahme, waren ihm zuwider. Er wußte mit Kinderschlauheit, daß die Mutter ihm ja doch alles durchgehen ließ, ihn nie richtig bestrafte … Fürchten tat er nur Gott und seinen Vater, den König. Auch paßte seine einfache und gradlinige Natur besser in das Wirklichkeitsvorbild, das ihm der Vater aufstellte. Verehrung und heilige Angst vor Gott und dessen Geboten, und daß ein Fürst aus sich selbst heraus die Schranken richtig achte, die Gesetze mehr als andere Menschen halte. Das schien dem Knaben verständlicher als die gewundenen Sätze des Mentors und die frommen Antworten Telemachs. Friedrich Wilhelm stellte sich diesen immer in seidenen Schlafröcken vor, ein Kleidungsstück, das er besonders verabscheute. Jetzt seufzte er unmerklich. Die Königin hatte nun schon eine Stunde lang in ihrem Arbeitszimmer den Telemach mit ihm gelesen, würde sie nun auf dem Spaziergang fortfahren, über den Tugendbold zu reden?

„Es genügt nicht, dieses Buch einmal zu lesen, man muß es hundertmal tun“, sagte die Königin. „Ich bitte dich, nimm dir den Telemach zum Vorbild. Er war gut, mitfühlend, wohltätig. Er legte den Stolz ab, war leutselig. Darum liebten ihn alle. Hast du meinen Wunsch erfüllt, im vergangenen Monat das Buch wieder zu lesen? Welches scheinen dir die schönsten Stellen?“ Friedrich Wilhelm nickte. Dohna hatte keine Ruhe gegeben. Dazu wußte er ja, daß ihn die Mutter auf die Probe stellen würde. Er gab sich einen Ruck. Sein Verstand war gut, wenn er die Trägheit einmal abschüttelte. Er sagte: „Die Lehren des Mentors scheinen mir mehr weise als hart. Sie sind vernünftig. Telemach soll seine

Fehler ablegen, Wahrheit und Gerechtigkeit lieben, auf alle hören, nur wenigen trauen. Gute Taten sind der vornehmste Schmuck eines Fürsten, und man wird ihm für diese und nicht um seiner Geburt willen Dank erweisen. Die Schmeichler, die durch falsche Willfährigkeit seine Gunst erlangen wollen, soll er abweisen.“ In das blasse Gesicht der Königin war eine feine Röte gestiegen. Ihr Sohn betrachtete sie verstohlen. Waren die Anspielungen auf den Hof von Berlin zu deutlich gewesen? Oder war die Mutter zufrieden mit seiner Antwort? Das Unverständnis der heranwachsenden Generation gegenüber der herrschenden, dieser Gegensatz, uralt wie die Welt, stieg in dem jungen Menschen auf. Sie hatten auf einer Bank neben der Büste des römischen Kaisers Mark Aurel Platz genommen. Das fahle Laub der Lorbeerbäume, die sein Vater kürzlich der Mutter geschenkt hatte, warf Schatten über die Züge des weisen Kaisers, über Mutter und Sohn. „Da Sie, Madame, mir so gütig zuhören“, fuhr der Knabe in der höflichen Redeweise fort, die seiner Zeit entsprach, „darf ich auch Rechenschaft ablegen von den Vorteilen, die ich, auf Ihren Wunsch, aus dem Telemach zog.“ Ohne die Antwort auf diese rhetorische Frage abzuwarten, sprach er schnell weiter. Er schilderte die Eindrücke, die er aus dem berühmten Buch in sich aufgenommen hatte. Aber mehr als alles, was darin stand, hatte sein junges Herz, das eigensinnig und doch weich verstohlen an der Mutter hing, die Sorge berührt, die sie um ihn im Herzen trug. Er verstand, daß sie alle Mühe und Liebe aufwendete, um aus ihm einen tüchtigen, guten Menschen und Fürsten zu machen. Er war schon weltklug genug, um zu wissen, daß die Wartenberg-Wirtschaft in Berlin, die Schwäche, übergroße Güte und Langmut seines Vaters gegen den Minister und dessen Frau, die Königin entrüstete und quälte. Er war zu jung und einflußlos, um ihr helfen zu können, aber die Sorge um ihn wollte er ihr erleichtern.

„Mutter", sagte er leise. Es war selten, daß er sie so anredete, seit er größer geworden war und abseits von ihr mit Gouverneur und Hofmeister wohnte. Die Zeit, die Etikette der Höfe, kannte zärtliche Bindungen zwischen Eltern und Kindern kaum. Friedrich Wilhelm war nahe an die Mutter gerückt. Mit seinen etwas tollpatschigen Jungenhänden streichelte er die feinen, weißen Finger der Mutter.

„Fritz", begann sie und stolperte etwas Deutsch, um ihm zu gefallen, da er es mehr liebte als die französische Sprache, „du darfst nicht so häßlich mit den Frauen umgehen. Wie kann ein rechter Mann einem Geschlecht seine Achtung versagen, dem die eigene Mutter angehört? Wenn du denn ein guter Deutscher sein willst, dann lies im Tacitus, wie die Germanen jederzeit ihre Frauen ehrten."

„Die waren auch anders als die Hofdamen", platzte der junge Mensch heraus. „Sie arbeiteten und spannen und zogen Kinder auf. Diese hier tun nichts, streichen ihre Gesichter an und führen üble Nachrede über ihre Nächsten." Die Königin, die Komik der Situation erfassend, lachte hellauf.

„Sollen wir barfuß und in selbstgesponnenen Kleidern durch unsere Häuser und Gärten laufen?" fragte sie. „Aber urteile nicht über andere, laß uns von dir sprechen, mein Kind." Sie hielt noch seine Hand, um die sich warm ihre Finger schlossen. „Meine Gedanken sind stets bei dir. Ich will, daß du nicht nur ein Fürst, sondern ein Mensch wirst, den geboren zu haben ich stolz sein kann. In deiner Familie sind viele Helden, denke an deinen Großvater, an dessen früh verstorbenen ältesten Sohn

Karl Emil, der jung seine Tapferkeit im Feld bewährte. Viele sagen, daß du ihm äußerlich gleichst. Und deine erste Pflicht ist es, deinen Vater zu ehren wie der Geringste seiner Untertanen." Der Knabe nickte zweimal eifrig hintereinander. Sein Vater, das wußte er, war ein aufrechter Mann. Er hielt an seinem reformierten Glaubensbekenntnis fest und befolgte streng die Vorschriften seiner Kirche. Das liebte der Sohn besonders an ihm. Wenn auch der Prunk und Glanz seines Hofes dem Knaben mißfielen, er liebte und ehrte doch im Herzen seinen Vater, dessen Güte und Leutseligkeit ihn zugleich rührten und ärgerten. Warum machten sie alle diesen weltlichen Mummenschanz mit? Vater, Mutter, Menschen von Bedeutung und Ansehen? Warum redeten sie nicht deutsch? ... Aus seinem Grübeln riß ihn der Ausruf der Mutter, daß Dohna käme, ihn abzuholen, daß sie wohl nach Berlin zurückmüßten. Ganz am Rand der Allee sah er die hohe Gestalt seines Erziehers auftauchen.

„Madame", fragte Friedrich Wilhelm rasch, „wann darf ein Fürst einen Krieg beginnen? Ihre Belehrung, Mutter, gilt mir mindestens ebensoviel wie die des weisen Mentors." Plötzlich lag ein liebenswürdiges Lächeln um seinen Mund, sein Gesicht war wie verwandelt, geradezu reizvoll. Sophie Charlotte sah ihn erstaunt an.

„Ein Krieg? Doch nur dann, wenn ein Fürst sein Recht verteidigen muß oder wenn er gewiß ist, daß sein Nachbar ihn angreifen will. Dann muß er ihm zuvorkommen und den Krieg in dem Land des anderen führen. Er soll verhindern, daß die Mächtigen die Schwächeren unterdrücken." Dohna stand vor ihnen. Sie sah ein Lächeln in seinem schönen Gesicht. Da lachte sie ihr frisches gesundes Lachen.

„Bin ich nicht wie Minerva, die den Telemach belehrt … im Garten von Lützenburg." Sie erhob sich und schritt mit Dohna voran. Zögernd folgte ihnen der Kronprinz.

„Ich habe noch ein paar Worte mit dem Grafen zu sprechen, mein Sohn", sagte die Königin. Ihr Blick ruhte liebevoll auf dem Gesicht Friedrich Wilhelms. Er zog ihre Hand an seine roten Knabenlippen, machte vor dem Erzieher eine Verbeugung und schritt wie ein kleiner Hofherr in die Allee zurück. Kaum befand er sich außer Sicht, als seine flinken Jungenfüße laufend in einen Seitenweg einbogen. Ein kleines Haus lag zwischen dem Buschwerk, nahe der Bank, auf der er mit der Mutter gesessen hatte. Er bog die Zweige auseinander und stand mit wenigen Schritten vor einem Mädchen, einem halben Kind, das in einem Zuber Wäsche wusch. Das gefiel ihm. Er mochte es gern, wenn Frauen häusliche Dinge verrichteten.

„Wohnst du in dem Haus?" Sie nickte. „Komm mit, ich will dir etwas zeigen." Sie folgte zögernd, eingeschüchtert von seinem Befehlston. Er zog sie zu dem Orangenbaum, schüttelte derb das Bäumchen, daß die prallen, kleinen Früchte dem Kind auf Kopf und Schultern fielen. Sie sammelte sie in die Schürze, biß in eine. Er lachte hellauf, als sie den Mund verzog. Er zog aus seiner Tasche ein Geldstück. „Da, kauf dir Zuckerzeug." Plötzlich begann er Purzelbäume zu schlagen, den Weg bis zur Allee und zurück. Jählings hielt er an. Ein Ruf von fern war zu ihm gekommen. Er stand vor dem Mädchen, rückte Rock und Kragen zurecht, strich sich die Haare aus der heißen Stirn.

„Halte du deinen Mund", sagte er. „Die Pomeranzen kannst du behalten. Ich bin der Kronprinz." Sie sah ihm ungläubig nach, als er gemessenen Schrittes die Allee hinabging, dem Schloß zu.

Als die Königin nach einer kurzen Unterredung mit Dohna ins Schloß zurückkehrte, war neuer Besuch gekommen. Die Landgräfin von Hessen, die Tochter des Königs, mußte besonders gefeiert werden, ebenso die Ansbacherin, die schon einige Tage hier war. Nichts liebte Sophie Charlotte mehr als Vorbereitungen zu heiteren Festen. Eine Oper aufführen, ihren Part im Orchester studieren war ihr das größte Vergnügen. Eben noch hatte sie sich in Sorge verzehrt um den Sohn, um seine unzulängliche Ausbildung, da brachte ihr der Besuch, die bevorstehende Zerstreuung sogleich Ablenkung. Sie schloß sich mit der Pöllnitz in ihr Zimmer ein, beriet mit ihr eifrig das Festprogramm der folgenden Tage. Als alles unter vielem Lachen und mit großem Geschick geordnet war, die Pöllnitz genug für vierundzwanzig Stunden zu tun bekommen hatte, ging Sophie Charlotte in ihr Arbeitszimmer. Sie las die eingelaufenen Briefe. Sann über einige nach, begann dann selbst zu schreiben. Es war, als sei dies eine andere Frau als jene Heitere, Unbeschwerte, die vorhin mit der Pöllnitz gescherzt hatte, aber auch eine andere als die weiche und besorgte Mutter. Deutlich prägte sich die Gedankenarbeit in ihrem Gesicht aus, die das Lesen und Beantworten der Schriftstücke von ihr forderte. Eilig und eifrig ging ihre Feder über das Papier, und jene Briefe entstanden, die der Nachwelt, wie kaum ein anderes Dokument, treffend, scharfsichtig ein Bild ihrer Zeit hinterließen.

Begegnung

An einem schönen Junitag war der Markgraf Albrecht in den Schloßhof von Lützenburg eingeritten. Die Pferdehufe hatten viel Lärm auf den Pflastersteinen gemacht, so daß, wer am Fenster stand, es hören mußte und nach der Ursache ausschauen konnte. Der Markgraf hatte lachend, freundlich, mit Händeschütteln schon vom Sattel aus die Offiziere begrüßt, die aus der Wachstube herauskamen. Er war darauf im Stall gewesen, um zu sehen, ob sein Brauner auch gut abgerieben wurde. Nun schritt er auf leichten Sohlen, den Refrain eines lustigen Modeliedchens summend, durch den Gartenvorsaal und die daran anschließenden Räume. Die Schöße seines Rocks waren nach Reiterart noch aufgesteckt, so daß das rote

Futter in den Wandspiegeln aufleuchtete. War es das leise Klirren der Sporen oder das kecke Liedchen oder beides, das ein junges Mädchen, welches gerade am Fenster stand, sich umwenden ließ? Die fremde junge Dame sah ihn ruhig an. Er starrte in ihr Gesicht, das Liedchen brach ab.

„Mein Herr“, sagte sie, „wenn Sie einer der Schauspieler sind, die zur Probe kommen, so ist diese im blauen Damastzimmer.“ Sie wies zur offenen Tür des Nebenraums. Er zögerte.

„Gehören Sie nicht mit dazu, Madame?“ Doch als er in ihr kinderjunges Gesicht blickte, verbesserte er sich: „Mademoiselle“. Sie lächelte. Sie hatte ihn vom Fenster aus vom Pferd steigen sehen und wußte ganz genau, wer er war. Diesen Vorteil wollte sie ausnutzen. Denn von der Gefährlichkeit des Markgrafen Albrecht redete der ganze Hof von Lützenburg. Sie gedachte, für den ungekannten Vetter ein Weilchen die Geheimnisvolle zu sein.

„Wie entzückend, daß Sie mitspielen“, sagte er liebenswürdig. Ihr Schweigen auf seine Frage nahm er als Zustimmung. Da fegte die Busche, eines der schönen Hoffräuleins der Königin, durch das Zimmer. Sie machte einen tiefen Knicks vor der Dame am Fenster. Wie dumm, dachte das Prinzessinchen. Nun wußte er es!

„So, so“, sagte der Markgraf. „Sie proben Ihre Rolle wohl schon an mir?“ Er lachte. „Dann sind Sie meine Base von Kurland!“

Er hat einen Trick, die Augen beim Lachen leicht zu schließen, dachte Dorothee, das macht sein Gesicht zugleich hochmütig und bezaubernd. Sie reichte ihm ihre Fingerspitzen, die er in seiner schönen, warmen Hand hielt.

„Sie heißen Marie“, sagte er einfach und in deutscher Sprache.

„Ja, Sie können mich so nennen, wenn ich auch meist Dorothee gerufen werde.“

Sein Blick glitt über den glatten, dunklen Scheitel, der die durchsichtige Haut des Gesichts einrahmte.

„Marie paßt besser zu Ihnen.“ Fast atemlos sah sie in sein Gesicht. Er lächelte ein wenig. „Ich kenne die Rollenverteilung für die Theateraufführung zum Geburtstag des Königs. Haben Sie Ihre Rolle als Erato auch gut gelernt?“ fragte er neckend.

„Das ist noch eine Weile hin“, sagte sie mit einem kleinen Trotz.

„Und heute ist überhaupt keine Probe." Er machte ein strenges Gesicht. „Sie wollten mich wohl verjagen, als Sie mich ins blaue Damastzimmer schickten?" Ein leichtes Rot ging über ihr Gesicht.

„Das wäre eine neue Erfahrung für Markgraf Albrecht", der Ton war ohne Schärfe, das Lächeln kindlich und weich. Er öffnete die hohe Glastür, ging zur Seite und ließ Dorothee vor sich auf die breite, kiesbestreute Terrasse treten. Der Garten mit seinen Blumenbeeten lag in voller Sommerschönheit vor ihnen.

„Ich verstehe, daß die Königin diesen Garten über alles liebt", sagte die junge Prinzessin. Ihre feinen Schuhe gingen neben den schmalen Reiterstiefeln Albrechts über die sandbestreuten Wege ... Alles ist schön an ihm, ging es ihr durch den Sinn. Sie hatte es ganz vergessen, daß sie sich vorgenommen hatte, die allgemeine Bewunderung des Hofes für Markgraf Albrecht nicht zu teilen.

„Wollen wir in die Laubengänge, darin der Parnaß sich in wenigen Tagen versammelt?" fragte Markgraf Albrecht. Auf dem Weg erzählte er der jungen Prinzessin aus der Chronik von Lützenburg. Wie durch die kunstsinnige Königin, seine Schwägerin, die Musen und Grazien längst schon Einzug in die Mark und besonders in Schloß Lützenburg gehalten hätten. Über allen anderen Künsten aber stände die Musik. Sie hätte die Oper nach Preußen gebracht, auch in Berlin und hier im Schloß heimisch gemacht. Aus Italien und Frankreich zöge sie die besten musikalischen Kräfte hierher. Er lachte. „Hat man Ihnen noch nicht die Sache von Attilio Ariosti erzählt?“ Sie verneinte. „Kennen Sie auch nicht sein bezauberndes Liebeslied?“ Da nickte sie eifrig. „Ich spielte es mit meiner Tante zusammen.“ Er blickte sie erstaunt an. „Das müssen Sie mir einmal spielen, wollen Sie?“ Er las die Zusage in ihren Augen. „Nun denken Sie sich, Ariosti war ein Mönch. Der Herzog von Mantua hatte ihm die Flucht aus dem Kloster ermöglicht, damit er als Kapellmeister zu meiner Schwägerin käme, die ihn begeistert erwartete. Es klingt wie ein Märchen. Da vermittelten der große Leibniz und Madame l'Electrice von Hannover aus, denn die Kirche drohte und die Diplomaten bekamen zu tun … ‚Ich gebe ihn nicht her, denn ich brauche ihn‘, schrieb meine Schwägerin zornig nach Hannover. Aber sie mußte schließlich doch nachgeben. Das war alles noch in der kurfürstlichen Zeit", schloß Albrecht. Sie waren durch die Laubengänge gekommen und schritten nun immer tiefer in das Dickicht des Parks. Dorothee hatte ihm mit weit offenen Augen zugehört. Sie sagte:

„Die Königin, meine Tante, spielt sehr schön das Cembalo. Ich durfte sie einige Male auf der Geige begleiten." Albrecht hielt den Schritt an.

„Sie spielen Geige?" fragte er erstaunt und erfreut. „Wir hier verdanken der Königin viel. Daß wir edle, gute Musik hören, ist ihr Verdienst." Die Worte kamen warm und herzlich heraus. Dorothee sah froh zu ihm auf. Er mußte ein gutes Herz haben, er schien allen Menschen wohlgesinnt zu sein. Dann seufzte sie ein wenig. Sie war nicht mit Liebe verwöhnt worden in ihrem jungen Leben. Gedankenverloren gingen die beiden durch die Alleen, deren Bäume noch das hellgrüne Laub des jungen Sommers trugen. Von einem der Büsche brach Albrecht einen weißen Jasminzweig.

„Der letzte, man muß ihn trinken", sagte er und vergrub das Gesicht in die Blüten. Es war totenstill um die jungen Menschen. Man hörte keine Vogelstimme. Auch das Zirpen der Grillen, das Summen der Bienen und Käfer schwieg. Da dröhnte vom Schloß der Klang eines Metallbeckens. „Mittag“, sagte Albrecht.

„Ich sollte zurück“, kam es zögernd von Dorothees Lippen. Er achtete nicht darauf, sondern erwiderte versonnen lächelnd:

„Wissen Sie, meine kleine Kusine, wir sollten warten, bis das Mittagsgespenst uns erscheint. Fühlen Sie nicht in diesem Augenblick, als ob es in unserer Nähe wäre?“ Er sah einen leisen Schauder durch ihre Gestalt gehen. Unwillkürlich kam Dorothee ihm einen Schritt näher. Er griff nach ihrer Hand.

„Fürchten Sie sich nicht, das Mittagsgespenst ist nicht böse, nur geheimnisvoll. Es ist uralt. Auch in unserer Mark geht es an heißen, stillen Sommertagen um. Die Natur nimmt Gestalt an und schreitet durch Wiesen, Wald und Felder als eine Frau mit ährenblondem Haar. Mir gefiel sie immer besser als der ganze griechische Olymp.“

Sie waren jetzt in eine wahre Wildnis von Buschwerk gekommen. Hier schien die ordnende Hand des Gärtners nicht hingeraten zu sein. Oder vielleicht war es auch Absicht, alles der Natur zu überlassen. Albrecht zog sein Cousinchen auf eine einfache Rasenbank.

„Könnten Sie es sich nicht vorstellen, daß es sehr schön sein müßte, auch ohne Säle mit gemalten Göttern und Genien an den Wänden und an den Decken sein Leben in Zurückgezogenheit und Stille auf dem Land in nützlicher Tätigkeit zu verbringen?“ Sie lächelte schalkhaft.

„Das sagt Markgraf Albrecht, der Mittelpunkt eines glänzenden Hofes? Ist das Ihr Ernst, mein Prinz?“

„Mein Prinz? Warum sagen Sie nicht meinen Vornamen, Marie?“ Eine leichte Röte kam in ihr schmales Gesicht.

„Bei uns sprach man nicht über solche Dinge, ich dachte noch nicht darüber nach“, sagte sie scheu.

„Sie müssen mir mehr, ja viel von sich erzählen, Marie“, bat er eifrig. Er wußte ja so wenig von den kurländischen Verwandten. Seine Halbschwester hatte jung geheiratet. Was man von der Hofhaltung und ihrem Leben gehört hatte, hatte in Berlin wenig gefallen. Dann kam die Katastrophe dort, die

Flucht in die alte Heimat. Die gutherzige Königin hatte die Vertriebenen warmherzig in Lützenburg aufgenommen. Sie und ihre Kinder. Alles dies hatte Albrecht in Berlin und Schwedt gehört, wo er bei seinem Bruder zu Besuch gewesen war. Viele Gedanken hatte sich der Leichtherzige nicht darum gemacht. Und nun? Ja, jetzt schritt er neben ihr, die ihm ganz anders schien als alle Frauen, die er kannte. Sophie Charlottes Gärten waren ihm noch nie so schön vorgekommen wie heute. Niemals hatten die Rosen so geblüht wie an diesem Junitag. So süß geduftet, oh, so süß!

„Marie", sagte er jählings, „sind Sie gern bei uns?"

„Sie haben sich sonst wenig darum gekümmert, ob ich irgendwo gern bin oder nicht." Der kleine Zug von Trotz, der ihm gefiel, kam wieder um ihren Mund.

„Ich hole das heute doch mit Riesenschritten nach", erwiderte er, eine leichte Verlegenheit unterdrückend. „Seien Sie mir nicht gram deshalb, Marie." Sie sah in sein schönes, braunes Gesicht. Nie bisher hatte jemand ihren Namen so ausgesprochen. Genau so, als ob man gestreichelt würde!

Die Leute am Hof hatten wohl recht, wenn sie den Markgrafen Albrecht als gefährlich ansahen!

„Wollen Sie mir nicht ein wenig von sich erzählen“, drängte er wieder.

„Ich habe ja nie ein rechtes Zuhause gehabt.“ Er sah, es stieg ihr naß in die Augen. „In Kurland konnten wir nicht bleiben. Es ist bitter, vertrieben zu werden.“

„Liebten Sie Ihre Heimat sehr?“ Sie schwieg. Ein gequälter Ausdruck kam um ihren Mund.

„Wir hatten es wohl nicht so gut wie andere Kinder, mein Bruder und ich. Wir sahen unsere Mutter selten. Sie war immer voll Unrast und in großer Gesellschaft. Die Gouvernanten wechselten fortwährend. Einmal hatte ich eine sehr lieb, die war jung und so sehr hübsch. Sie weinte sehr, als die Mutter sie fortschickte.“ Eine Falte grub sich in Albrechts Stirn. Er blickte scharf in das Gesicht der kleinen Prinzessin … Nein, sie verstand nichts vom Hintergrund dieses Vorganges, der vielleicht eine Tragödie war. Er strich leicht, brüderlich über ihre Finger, die willig in seiner Hand geblieben waren. Dorothees Gesichtchen klärte sich auf.

„Hier, bei der lieben Tante ist es so schön“, sagte sie unvermittelt und holte tief Atem. Markgraf Albrecht, der Leichtherzige, Verführerische, dem hundert Frauenherzen zuflogen, las in dem kleinen Mädchen neben ihm wie in einem Buch. Rührung überkam ihn … Liebes Kindchen, dachte er, ich tu dir nichts. Ich bin dir gut, wie du mir, obgleich du das vielleicht selbst noch nicht weißt. Sein Herz war warm bewegt, die Leidenschaft schwieg noch. Mitleid und menschliches Gefühl hielten Wacht neben der kindlichen Gestalt. Unwillkürlich schlossen sich seine Finger noch fester um ihre Hand. Plötzlich wußte er: Du wirst einmal meine Frau. Und ebenso sicher stand vor ihm der unausbleibliche Kampf mit seinem Bruder, dem König. Eine arme Prinzessin, dazu eine Verwandte, würde Friedrich nie als Schwägerin anerkennen! … Und sollte ich mit allen Teufeln kämpfen, dachte er in Siegerbewußtsein! Dann war noch die Königin, sie würde ihm sicher helfen! Er widersprach nicht mehr Dorothees Drängen, ins Schloß zurückzukehren. Er brachte sie zum Seitenflügel, in dem ihr und ihrer Mutter Zimmer waren. Sie sprachen kaum noch. Nur als er Abschied nahm, sagte er in sehr bestimmtem und ernsthaftem Ton:

„Morgen komme ich wieder." Dorothee hatte den Blick gesenkt, so sah er nicht das Aufleuchten ihrer Augen. War das alles nicht wie ein Märchen, und war sie es wirklich, die diese Stunde mit ihm erlebt hatte?

Markgraf Albrecht

Markgraf Albrecht, der jüngste Bruder des Königs, war der schönste Mann am Hof. Er war auch der beste Tänzer und Wagenlenker. Die Hofdamen schwärmten offen und insgeheim für ihn. Die Pöllnitz, die Hofdame und Vertraute der Königin, war seine ergebene Freundin. Sie beide waren Seele und Antrieb aller Festlichkeiten in Lützenburg. Arrangeure von erstaunlichem Talent. So waren auch die Vorbereitungen zum Geburtstag des Königs, der mit einer Gesang- und Tanzaufführung gefeiert werden sollte, der Regie dieser beiden Erprobten überlassen. Den musikalischen Teil behielt sich die Königin zwar, wie stets, selbst vor, wie denn manches Singspiel, das zur Aufführung gelangte, ohne daß der Name des

Komponisten genannt wurde, von Sophie Charlotte stammte, die eine ganz besondere Begabung für musikalische Komposition besaß. Es bedeutete dieser außergewöhnlichen Frau Erfrischung und Erholung nach ihrer ernsthaften Arbeit über philosophischen Studien, ihrer weitverzweigten Korrespondenz mit den bedeutendsten Menschen ihrer Zeit, zur Abwechslung buntes, heiteres Leben um sich wirbeln zu lassen. Und jede Art war ihr recht, wenn sie nur künstlerisch war.

Aber so sehr auch Prinzessin Dorothee am nächsten Tag Ausschau hielt und ihr Näschen an die Fensterscheiben der Hoffenster drückte, kein Reiter kam über das Pflaster geritten, wenigstens nicht der, auf den sie wartete. Sie hörte, daß man die Probe hinausgeschoben hatte, weil Markgraf Albrecht an einer militärischen Übung seines Regiments teilnehmen mußte. Sie hatte gemeint, daß er eigentlich nur Hoffeste leite, tolle Wagenfahrten mache und Komödie spiele. Nun erfuhr sie, daß er ein guter, eifriger Offizier war, auch schon eine Weile im Feldlager am Rhein gewesen war, bis ihn, sehr gegen seinen Willen, der Befehl des Königs zurückgerufen hatte … Aber dann stand er eines

Tages, kurz vor dem Geburtstag Seiner Majestät, vor ihr. Sie hatten ohne ihn, nur von Fräulein von Pöllnitz dirigiert, eifrig ihre Rollen geübt. In den Gärten waren auch schon alle Vorbereitungen für das Fest getroffen. Prinzessin Dorothee traf den Markgrafen Albrecht unfern der Rosenbeete, an denen sie bei seinem ersten Besuch so lange gestanden hatten. Hatte er sie diesmal hier gesucht, hatte ihr Weg sie zufällig hergeführt? Wer kann es wissen. Ihre Augen leuchteten, als sie ihn sahen, und es schien Dorothee, als habe sie den Markgrafen Albrecht schon ihr ganzes Leben lang gekannt. Aber dann kam es ihr wunderlich vor, daß sie, die doch schon einige Wochen in Lützenburg zu Gast war, ihn vorher noch nie gesehen hatte. Da berichtete er vom Dienst in Berlin und von Schwedt, wo er mit der jungen Schwägerin auf die Jagd geritten sei.

„Ist sie hübsch?“ fragte Dorothee rasch und wurde dann doch rot über ihren Eifer.

„Reizend“, erwiderte er und sah sie ein wenig neckend von der Seite an. „Ich wäre auch noch länger geblieben, wenn mir nicht meine Schwägerin, die Königin und Mademoiselle Pöllnitz die

Ehre erwiesen hätten, meine Anwesenheit hier für unumgänglich notwendig zu erachten." ... Er neigte sich zu ihr. „Und dann habe ich Sie, meine kleine Base, zum ersten Mal gesehen. Denken Sie, wieviel Zeit wir verloren haben, wie lange wir eigentlich schon gut Freund sein könnten!" Sie waren dem Laubengang immer näher gekommen, in dem bald der Hauptteil der Aufführung vor sich gehen sollte. „Ich habe sonst kein besonderes Gedächtnis für mythologische Namen, aber daß in dieser Laube, die zum griechischen Theater geweiht ist, die Quelle Hippokrene im geeigneten Augenblick sprudeln wird, habe ich doch begriffen. Auch der Pegasus soll auftreten. Ich hoffe nur, daß er nicht zuvor sämtliche Blumen von den Beeten abgrast." Eine kleine Falte grub sich in seine Stirn. „Glauben Sie mir, Marie, viel lieber würde ich, statt Theaterarrangeur zu spielen, im Feld und bei der Belagerung von Kaiserwerth sein." Sie waren in den umgrünten Gang getreten. Er lachte und warf sich auf eine Bank. „Ich werde sie hoffentlich nicht entweihen, wenn sie für hohe Musen bestimmt sein sollte." Wieder klopfte er mit seinem Reitstock gegen seine Stiefel, ganz wie das erste Mal, als sie ihn gesehen hatte. Es war wohl bei ihm ein Zeichen von Ungeduld. „Hier werden also Apoll und seine Begleiterinnen sich dem erstaunten Hof zeigen. Wer wird denn den Pegasus halten, ehe er sich in die Lüfte schwingt?"

Sie sah ihn ärgerlich an, spottete er ihrer? Aber er wischte sich nur mit einem seidenen Tuch die Lachtränen aus den Augen. Sie hatte sich nicht gesetzt. Sie kam sich hilflos ihm und seinem bezaubernden Übermut gegenüber vor. Meinte er es ernsthaft, oder spielte er nur mit ihr … wie mit den anderen?

„Sie sehen mich vorwurfsvoll an, Marie. Sie finden es nicht schön, daß ich über all dies lache, das ich doch selbst herbeigezaubert habe." Seine schönen, schlanken Hände machten die Bewegungen eines Bildhauers, der weichen Ton formt. „Und doch bin ich vielleicht der einzige Vernünftige in diesem Zauberschloß und Zaubergarten. Alle sind sie hierher gebannt. Keiner hat den Wunsch herauszukommen, er selbst zu sein, ein ernsthafter Mensch, mit eigenem Lebensbezirk. Sie, Marie, sind vielleicht die einzige, die auch diesen Wunsch hat."

„Woher wollen Sie es wissen, daß dies mein Wunsch ist?“ fragte sie mit leicht zitternder Stimme.

„Man sieht es Ihren Augen an. Die sind wie die eines Rehs, das man einfing und das in die Freiheit hinaus will.“

„Gibt es Freiheit für eine arme Prinzessin?“ entgegnete sie mutlos.

„Nur bedingt“, lächelte er. „Zum Beispiel, wenn sie ihr Geschick einem guten Mann anvertraut.“ Jetzt mußte sie lachen.

„Wo finde ich einen guten Mann?“ Ihre Frage war unvorsichtiger als ihre Haltung. Denn sie hatte sich in einiger Entfernung auf der Bank gegenüber niedergelassen.

„Ich würde mir die größte Mühe geben, Ihnen, liebe Cousine, dazu zu verhelfen.“

Er sah neckend in ihr Gesicht, über das sich eine leise Röte breitete.

„Meine Tante, die Königin, meint, ich sei noch zu jung für eine Heirat“, erwiderte sie naiv. „Aber meine Mutter sagt, ich sei gerade im rechten Alter.“ Markgraf Albrecht war es erklärlich, daß die noch jugendliche und auf eigene Eroberungen ausgehende Herzogin von Kurland die erwachsene Tochter gern verheiratet sähe. Er fragte:

„Wie alt sind Sie denn, Marie?"

„Siebzehn, da könnte ich ja vielleicht noch ein bißchen warten", erwiderte sie bedenklich. Er mußte lachen.

„Sie sind wirklich noch ein rechtes Kind, Marie. Wenn man so gelassen vom Heiraten redet, dann hat Amors Pfeil noch nicht getroffen." Es klang wie leises Bedauern, in das sich zugleich Beruhigung mischte. War es nicht recht so, wollte er nicht dieses reizende Kind die Liebe lehren? Sollte sie nicht erst in seinen Armen wissen, was des Lebens höchstes Glück ist! Mochte sie noch ein kleines Weilchen in ihrer Unberührtheit bleiben, denn er sah voraus, … und dachte es leise seufzend, … daß sich viele Schwierigkeiten seinem Vorhaben entgegensetzen würden. Er wußte, daß gerade für ihn der König, sein Bruder, eine glänzende Heirat wünschen würde, eine reiche Oranierin oder sonst eine Verbindung, die nicht nur ihm, sondern dem Land und dem Königshaus große und nützliche Bündnisse bringen würde. Und nun kam er mit dieser armen Kirchenmaus, die noch dazu eine

Verwandte war! Ohne im geringsten eitel zu sein, war er sich doch des Eindrucks bewußt, den seine äußere Erscheinung und seine Eigenschaften überall hervorriefen. Er wußte, daß darauf der König seine Pläne baute. Es konnte ihn dieses Verfügen über seine Person nicht kränken. Denn er fühlte dabei die Zuneigung seines königlichen Bruders.

„Denk einstweilen noch nicht an Heirat, Marie, auch wenn deine Frau Mutter dir einen Freier vorstellt und dir dringend zuredet. Höre auf das, was dir die Königin, deine Tante, sagt, dann bist du gut beraten. Sie hat ganz recht, du bist noch zu jung. Außerdem habe ich dir doch versprochen, dir einen guten Mann auszusuchen. Einen vortrefflichen Ehemann, du kannst dich auf mein Wort verlassen. Willst du mir in die Hand versprechen, daß du solange warten wirst?“ Sie hatte ihn verwundert bei seiner Rede angeschaut. Denn das verführerische Lächeln lag nicht um seinen Mund, sondern er war ganz ernst. Es kam ihr auch gar nicht zum Bewußtsein, daß er sie seit fünf Minuten immer nur mit du anredete. Güte und ein wenig Sorge blickten sie aus seinen schönen Augen an. Da lächelte sie kindlich und befreit, daß er die Heiratsfrage für sie schon in Ordnung bringen würde, und streckte ihm in grenzenlosem Vertrauen die Hand hin. Ein leiser, schelmischer Zug kam um ihren Mund, als sie sein ernstes Gesicht sah.

„Die Hofherren und Hofdamen würden sich gewiß wundern, Seine Hoheit so zu sehen wie in diesem Augenblick.“ Da konnte sein junges, heißes Blut die Rolle des Mentors nicht länger ertragen. Er legte den Arm um Dorothee und zog sie eng an sein Herz. Sie schmiegte sich wie ein gefangenes Vögelchen an seine Brust, und er fühlte ihren Herzschlag an dem seinen. Seine Lippen berührten ihre Stirn, dann schob er sie sanft von sich. Er bog mit ihr in einen Seitenweg ein, der von dichten Taxushecken beschattet war, die sie allen Blicken entzogen und der in gerader Linie zum Schloß führte.

„Ich seh' dich bei der Abendtafel“, sagte er leise. „Ich kam mit dem König, der sich jetzt in den Gemächern Ihrer Majestät befindet.“ Sie nickte stumm. Ihr Gesicht erschien ihm, als er sich über sie neigte, fast weiß in dem Schatten der Taxuswände. Erschreckt sah er sie an und griff nach ihrer Hand. Hatte er sie geängstigt, aus ihrer kindlichen Ruhe aufgescheucht?

Festerwartung

Besondere Feierlichkeiten, Zerstreuungen und Überraschungen waren in Lützenburg angesagt, die Vorbereitungen zu einer Oper getroffen. Ihre Hoheit die Landgräfin von Hessen und die Prinzessin von Ansbach würden die Hauptrollen singen. Die eine als Aurora, die andere als Nacht. In Wahrheit stand die gute, freundliche Landgräfin sehr gegen die Schönheit der Ansbacherin im Schatten. Aber es würde den König freuen, seine zärtlich geliebte Tochter zu sehen, und noch dazu zwischen all den Pagoden und Vasen aus China, Japan und Indien! Es wäre zu hoffen, daß ihre kostbaren Porzellane dabei nicht zu Schaden kämen, dachte die Königin, denn die Landgräfin war etwas ungeschickt. Dann lachte Sophie Charlotte. Sie hatte ja genug von dem Zeug. Wie eine Allee standen die Vasen, blau und weiß, in den Zimmern und Galerien. Sophie Charlotte war in glänzender Stimmung.

Die Gräfin Wartenberg hatte gestern nicht an der Tafel der Majestäten in dem langen Saal gesessen, sondern an der Hofmarschalltafel ihren Platz erhalten. Auf besondere Anordnung des Königs. Die Pöllnitz berichtete, es sei noch gut abgegangen, daß sie nicht von der wütenden Dame einen Teller oder ein silbernes Fruchtmesser an den Kopf bekam, als sie sich harmlos nach Milord Raby, dem englischen Gesandten und geheimen Freund der Komtesse, erkundigt habe. In aller Frühe des Morgens sei eine Kutsche vorgefahren, die die Gräfin nach Berlin zurückgebracht habe. Die Pöllnitz hinter der Gardine habe die Abfahrt beobachtet ... „Sie haben eine böse Zunge, Liebe", sagte die Königin. Sie sah in das schärfer gewordene Gesicht ihrer Getreuen. Niemand war geschickter, unermüdlicher im Vorbereiten, Leiten von hübschen kleinen Festen als die Pöllnitz. Sie war auch in den letzten Wochen unermüdlich damit beschäftigt gewesen. Nur eins fehlte ihr, die Musik. Diese Kunst macht besser, dachte Sophie Charlotte. Sie legt weiche Hände um die Härten des Lebens.

„Wo ist Madame l'Electrice?" fragte sie.

„Beim Spaziergang", erwiderte die Hofdame mit eintöniger Stimme. Wann war die Kurfürstin nicht auf der Promenade? Sie hatte eine wahre Leidenschaft dafür, zum Schrecken ihrer Begleitung. Es war in Hannover das gleiche. Sophie Charlotte ging in ihr Schreibkabinett zurück. Sie hätte gern mit der Mutter gesprochen. Der Brief, den sie in der Hand hielt, den ihr die Pöllnitz überreicht hatte, war der Anlaß. Er hatte ihr die frohe Stimmung, die Vorfreude auf den Abend genommen.

Besser noch mit Leibniz reden, aber er war nach Berlin gefahren. Sophie Charlotte war in ständiger Verbindung mit dem Kriegsschauplatz, bekam Briefe von hannoverschen Diplomaten und Militärs. Der Minister von Bothmer aus Hannover, der in alles Eingeweihte, hielt sie auf dem laufenden … Der Feldzug ging schlecht. Trotz der großen Armeen in Flandern und Süddeutschland. Auch im Land begann man, den Rückschlag zu fühlen. Die Felder konnten nur von Greisen, Frauen und Kindern bestellt werden. Alles lief zu den

Fahnen oder wurde einberufen, was Waffen tragen konnte. In den Städten stockte der Handel. Dabei die Ausdehnung des Kriegsschauplatzes, Holland, Bayern, Flandern, über Frankreich nach Italien hinein. Wer sollte da Waren auf unsicheren Wegen aussenden oder Schiffen anvertrauen, die jeden Augenblick von feindlichen Fahrzeugen als Kriegsbeute gekapert werden konnten! Die Bürger hielten ihr Geld zusammen, kauften nur das Nötigste, sparten, wo es ging.

Das und ähnliches schrieb Sophie Charlotte an ihre Freunde, verlangte leidenschaftlich Nachricht über das, was in der Welt vorging. Der Krieg dauerte nun schon zwei Jahre. Wann würde er zu Ende sein? War es ein Unrecht, in solchen Zeiten Opern aufzuführen, Gastmahle zu geben, zu tanzen? Aber die Künstler verdienten doch durch die Aufführungen ihren Lebensunterhalt. Das Geld für die Ausgaben des Hofes blieb im Land, schaffte Verdienst. Den Kämpfern, die auf Urlaub in die Heimat kamen, war es wohltätig, entspannend, Geselligkeit, Oper, Musik zu genießen. Und dennoch, ihr war bange, dachte sie an diesen Krieg ... Wie viele hatten ihre Söhne, ihre Gatten verloren. Verwundete verbluteten. In Lützenburg erfuhr man manches eher als in Berlin. Viele tapfere brandenburgische und braunschweigische Soldaten fanden den Tod. Und nirgends Fortschritte. Belagerungen, die endlos dauerten, forderten größte Opfer.

Ingolstadt, Höchstädt ... Verluste über Verluste. Bayern verbündet mit Frankreich, gegen die deutschen Landsleute. Wer dachte an ein gemeinsames Vaterland! Der Dreißigjährige Krieg hatte alles zerbrochen, was die deutschen Stämme zusammengehalten hatte. Was konnte man tun, um zu verhindern, daß nicht die ganze Kulturarbeit, um die man sich nach den dreißig Kriegsjahren gemüht hatte, wieder verloren ging!

Wenden wir kurz unsere Blicke auf den Beginn und das Fortschreiten des Spanischen Erbfolgekrieges, der den Hintergrund zu einem großen Teil der Regierungszeit König Friedrich I. bildet.*

Der eigentliche Kampf um die spanische Krone wurde weniger in Spanien als in Italien, Deutschland und den Niederlanden geführt. Auf der Seite

* Der Spanische Erbfolgekrieg 1701-1714.

Kaiser Leopolds I., der die Erbfolge für seinen zweiten Sohn Karl beansprucht hatte, standen, wie wir wissen, das Deutsche Reich, Preußen-Brandenburg, Holland und die Engländer. Der ausgezeichnete König Wilhelm von England war ganz plötzlich infolge eines Sturzes mit dem Pferd gestorben, und seine Schwägerin Anna, die zweite Tochter Jakobs, saß als Königin auf dem englischen Thron.

Zwei deutsche Fürsten, Maximilian von Bayern und der Kurfürst von Köln, waren mit Ludwig XIV. verbündet.

Der alte Prinz von Baden und Prinz Eugen von Savoyen führten die österreichischen Heere, mit denen sich bald ein britisches unter der Anführung des tapferen Herzogs von Marlborough verband. Große Taten geschahen auf beiden Seiten.

Musik!

In der kleinen Lützenburger Welt war der Hofstaat mit neuen Titeln versehen worden. Die Pöllnitz war zur Staatsdame ernannt, die getreue, langjährige Hofdame, Frau von Bülow, geb. von Krosigk, zur Oberhofmeisterin der Königin bestimmt worden.

Witzig und klug waren beide, gut reden konnte die Pöllnitz, so daß mancher diese Gabe ein wenig fürchtete. Aber beide nahmen Sophie Charlotte die Last der Etikette ab. Es ging alles immer wie auf Rädern, was die Pöllnitz arrangierte.

Die Oper „Polifemo", von dem seinerzeit als Genie gewerteten Giovanni Buancini, sollte aufgeführt werden. Ein Singspiel, etwas ganz Neues in Brandenburg-Preußen! Die Geistlichkeit sah es ungern, man witterte welsche Leichtfertigkeit dahinter. Fremde Musiker kamen an den Hof. Der Parnaß und der christliche Himmel vertrugen sich wieder einmal nicht! Diese Gedanken sprach Sophie Charlotte nie laut aus. Der König liebte solche nur halb ernst gemeinten Empfindungen nicht. Sie freute sich auf den heutigen Abend, würde im Orchester mitspielen, das Cembalo, ihr Lieblingsinstrument. Es würde ein angenehmer Abend werden. Die Musik führte die Seele fort in schönere Gefilde, hob die Menschen aus dem Gegenständlichen, das nicht immer erfreulich war. Sophie Charlotte seufzte. Man mußte das Leben so nehmen, wie es sich bot, seinen Geist, sein Selbst zur Höchstleistung entwickeln, bis die große Wandlung kam, an die sie fest glaubte. Denn mit diesem Leben hier war es nicht zu Ende. Ja, und in dem Kreis, in dem ihr Wirken lag, wollte sie soviel Gutes, Schönes, Künstlerisches verbreiten, wie sie nur immer vermochte! Auch dann, wenn sie die Früchte selbst nicht sah, erst Spätere sie ernten würden. Ihre Finger glitten über die Tasten des Spinetts, das in ihrem Arbeitszimmer stand. Ein paar Takte aus dem Singspiel, das man heute abend aufführen würde. Aber die hüpfenden, italienischen Töne des Liedes wandelten sich, gingen in die ernsten Klänge eines Kirchenliedes unmerklich über. Es war das Lied, das der Mutter Friedrichs, der Oranierin, zugeschrieben wurde.

Sophie Charlottes Neigung zu religiösen Fragen, ihr leidenschaftliches Forschen nach allen übersinnlichen Dingen, ihre langen Gespräche mit Leibniz über Wandlung und Fortdauer der Seele machten sie auch für Kirchenmusik tief empfänglich. Die Musik war der Trost ihres Lebens, jede edle Musik.

„Mit Leib und Seele werfe ich mich in die Musik, wie in ein Heilbad. Sie verläßt und verrät uns nie, sie bereitet alle Bezauberungen des Himmels, wenn Freunde falsch oder undankbar sind."

Wem hatte sie diese, ihre innersten Gedanken, kürzlich geschrieben oder ausgesprochen? Jetzt war ihr Spiel in ein heiteres Gebiet der geliebten Kunst hinübergeglitten. Als sie einst nach Berlin gekommen war, hatte man nichts von dieser gekannt. Nur getragene, ernste Kirchenlieder, militärische Märsche gab es, höchstens ein paar Tanzweisen. Von den Kirchtürmen dröhnten schwere Glocken ihr Lied ins Land. Ihr Bestreben war es gewesen, diesem, durch die Zerrüttung des dreißigjährigen Kampfes noch verelendeten Land und Volk, bessere, geistige Lebensfreuden zu geben, die aus sittlicher und künstlerischer Bildung erwuchsen. Ihr Werk war die Sozietät der Wissenschaften, unter Leibniz' unermüdlicher Fürsorge. Ein Ideal: „Die Erziehung eines Volkes durch Wissenschaft und Kunst" schwebte ihr vor. Sie war klug genug zu wissen, daß man nur schrittweise diesem Ideal näherkommen, niemals es rasch erreichen konnte. Jeder Zwang, jedes Vorurteil waren ihr fremd. Sie gab, leicht und mit vollen Händen, innere und äußere Güter. Wenn man es nicht annahm, so mußte man es der Zukunft und Vorsehung überlassen. Warum sah die Kirche scheel auf die Operngründung in Berlin? Wie konnte Kunst und gar Musik etwas Leichtfertiges sein, wie jene behauptete! Ein Lächeln ging um Sophie Charlottes vollen Mund. Die so urteilten, kannten ihre Einstellung zu religiösen Fragen, zu sittlichen Anschauungen nicht. Hatten keinen Begriff von den Höhen, zu denen Leibniz ihre Seele führte … Herrlichstes Geschenk des Himmels, Musik! Alle harten und unerfreulichen Dinge verschwanden vor ihrem Zauber!

Ein Bekenntnis

Leibniz schritt durch die erhellten Säle. Weit am Ende der Zimmerreihe strahlten unzählige Wachskerzen, warfen Spiegel die Lichtfülle auf Menschen und bemalten Wände. Dort war das Spiel der Königin. Auch für dieses hatte sie Zeit und Lust, wie für alles, was sie anregte. Leibniz' Blick ging mit leichtem Lächeln zu dem Mann neben ihm. Brachte er nicht etwas recht gefährliches mit? War dieser nicht ein Sprenggeschoß, das man in eine wohlbehütete Festung einschmuggelt? War er hier nicht noch gefährlicher als in Hannover? Sie blieben unweit des Tisches der Königin stehen. Sie wendete den Kopf, nickte Leibniz zu. Dann traf ihr Blick den Fremden.

„Wollen Eure Majestät geruhen, Herrn John Toland zu empfangen, der von Ihrer Kurfürstlichen Durchlaucht aus Hannover kommt?" Er wußte, Sophie Charlotte war über die Person des Fremden unterrichtet. Wer in geistigen und geistlichen Bezirken Bescheid wußte, hätte in jenen Tagen nicht von John Toland gehört! Zwei Jahrhunderte früher wäre der Scheiterhaufen ihm sicher gewesen. Seine Schrift: „Die christliche Lehre ist kein Mysterium" hatte die englische Geistlichkeit in Harnisch gebracht. Seine These, die Bibel enthalte nichts, was der Verstand nicht begreifen könnte, auch nichts, was über den Verstand hinausginge, war von der „Hohen Gerichtsbarkeit" gebrandmarkt worden. Ratio, die menschliche Vernunft, blieb nach Toland der Punkt, von dem aus alles gesehen und alles begriffen werden konnte. Als öffentliches Ärgernis sah man in England den Neuerer und seine Schriften an. Toland, klug den günstigen Augenblick erfassend, rettete sich auf den Balken, der ihn trug. Er stellte sich energisch auf die Seite des Hauses Hannover in der jetzt heftig gewordenen, englischen Erbfrage. Er schloß sich damit der aussichtsreichsten politischen Partei des Landes an. Vor kurzem war er mit der englischen Sondergesandtschaft in Hannover eingetroffen, jetzt seinem starken Wunsch folgend an den Hof der klügsten Frau der Zeit, der Königin Sophie Charlotte von Preußen, gekommen. So hatte er sich in Hannover, wo er sehr gefeiert worden war, und auch Leibniz gegenüber ausgesprochen … Kerzenlicht fiel auf John Toland. Er war ein schöner Mann, von Kopf bis Fuß. Ein Dreißiger. Ein gut geschnittenes Gesicht, eine kluge Stirn. Zum Auftreten an Höfen, durch kurz zuvor gesammelte Erfahrungen belehrt, schien er in Haltung und Kleidung ohne Tadel. Vor der Königin verneigte er sich tief und ernst.

„Mein Spiel ist in wenigen Minuten beendet", sagte Sophie Charlotte freundlich. „Pöllnitz, unterhalten Sie die Herren in meinem Arbeitszimmer."

Toland sah sich in dem Raum um, in den die Hofdame sie geführt hatte. Er betrachtete die Bücherreihen, die Büsten der Philosophen des Altertums und der Neuzeit.

„Sie fehlen, Mister Leibniz", sagte er kurz.

„Ich bin ja noch am Leben", kam die ruhige Erwiderung. Toland lachte. Die Lippen machten hübsche Zähne frei, gaben dem Gesicht eine Knabenhaftigkeit, die für den Augenblick den Ausdruck starker Selbstgefälligkeit auslöschte.

„Die Königin ist sehr gelehrt", stellte Toland fest. Er stand vor den Büchern, hatte einen Band herausgezogen, blätterte darin … Man muß die Menschen tun lassen, was sie wollen, dachte Leibniz, besonders die Engländer.

„Der Descartes hat viele Randbemerkungen, sie muß ihn gründlich studiert haben." Toland blätterte ruhig weiter.

„Descartes war schon der geistige Vater ihrer Mutter, der Kurfürstin von Hannover", erwiderte Leibniz.

„Ich dachte, das seien Sie." Leibniz begann seine fast sprichwörtliche Geduld zu verlieren. Dieses anmaßende Wesen sagte ihm, dem Hofmann, Diplomaten und Gelehrten, nicht im geringsten zu. Die Form zu wahren schien ihm nicht nur ästhetisch, auch moralisch. Sie zog einen Kreis um die Einzelpersönlichkeit. Dieser Inselbewohner Art gefiel ihm nicht. Fräulein von Pöllnitz hatte nicht Gelegenheit gefunden, in das Gespräch einzugreifen. Die Türflügel schlugen zurück, die Königin trat ein. Sie setzte sich und forderte die beiden

Herren auf, Platz zu nehmen. Toland nahm den Stuhl ihr gegenüber, Leibniz blieb mit verschränkten Armen in der Fensternische stehen. Wie ein Schatten war die Pöllnitz verschwunden.

„Ich hörte durch Herrn de Beausobre von Ihren Gesprächen. Sie haben mit diesem Geistlichen, dem großen Gelehrten und edlen Menschen, ein geistiges Turnier gehabt." Sie lächelte. „Ich weiß auch, daß Sie für die Rechte meines Hauses, ich meine Hannover, in England eingetreten sind, und danke es Ihnen. Es ist mir ferner bekannt, was Ihre Gnaden von Hannover Ihnen auf Ihre kühnen Zweifel antworteten." Das Lächeln um den vollen, roten Mund wurde stärker. „Ja, ja, Gott hat meiner Frau Mutter den Witz verliehen." Toland verneigte sich. Dann begann er zu sprechen. Er war des Wortes mächtig wie wenige. Seine Thesen hatten den untrüglichen Schein der Wahrheit, solange er sie in seiner glänzenden Dialektik vor den Hörer stellte. Alles atmete Leben, was er vorbrachte. Plastisch, wie Gestalten, standen seine Behauptungen da, schienen unerschütterlich, unwiderlegbar, solange seine eigene Person hinter ihnen stand.

„Sie greifen die Grundpfeiler unserer Religion an“, sagte Sophie Charlotte sehr ernst. Leibniz sah mit geheimer Freude, daß dieses Feuerwerk sie nicht blendete. Ihre philosophische und wissenschaftliche Bildung gab ihrer Seele Halt, machte sie fest gegenüber diesem geistigen Rattenfänger, der so verlockende Lieder pfiff. Sie konnte die Stärke und Schwäche einer Behauptung wohl erfassen.

„Sie wollen uns die Heilige Schrift zweifelhaft machen. Sie werden so ungefähr mein Glaubensbekenntnis wissen, welches das gleiche ist, wie das meiner Frau Mutter. Sagen Sie mir jetzt das Ihrige.“ Toland zögerte, dann hob er den Kopf und sprach:

„Eure Majestät stellen mir die nämliche Frage wie Herr de Beausobre. Ich bin ein Christ, aber zugleich ein mit nüchterner Vernunft begabter Mensch, dem große Zweifel an der Echtheit der Schriften des Neuen Testaments gekommen sind.“

„Sie haben sich vor allem gegen die Schriften des Apostels Paulus gewendet“, bemerkte die Königin. „Vermuten Sie, daß diese nicht von ihm geschrieben wurden?“

„Ja, sie wurden von ihm geschrieben. Aber schon in der frühen christlichen Gemeinde sagten die Nazaräer, daß er eine andere Lehre verkünde als Christus, auch anderes als die übrigen Apostel über die Auferstehung sage."

„Glauben Sie an die Auferstehung?" Die Frage kam eindringlich. Toland sah fast mit einem Lächeln die Königin an.

„Auch dies fragte Herr von Beausobre, und er fügte hinzu, daß diejenigen, welche die Auferstehung anzweifelten, meist Angst vor ihr hätten." Die Königin schien diese Bemerkung nicht gehört zu haben. Zu Leibniz gewendet, sagte sie:

„Vor fast zehn Jahren schon, als ich noch ganz jung war, bestimmte ich zum Text meiner Leichenpredigt das Bibelwort: ‚Ich bin die Auferstehung und das Leben.'" Sie wendete sich rasch wieder Toland zu: „Was haben Sie sonst an dem Neuen Testament auszusetzen?"

„Daß vieles untergeschoben ist. Daß die Weissagungen darin erst nach dem Ereignis kamen, wie zum Beispiel die der Zerstörung von Jerusalem. Daß die Prophezeiung der Wiederkunft Christi nicht eintraf. Auch daß die Berichte der Evangelien über die Auferstehung und andere Begebenheiten sich widersprechen."

„Ich glaube nicht, daß die Apostel, die doch Zeugen der Tatsachen waren, falsch berichteten", erwiderte die Königin ruhig. „Nur jeder aus seiner eigenen Individualität heraus." In das kurze Schweigen, das nun folgte, fiel die Stimme von Leibniz:

„Ist Ihnen der Brief des Plinius an den Kaiser Trajan bekannt, Herr Toland?" Eine wegschiebende Handbewegung tat die Frage ab.

„Der Brief ist untergeschoben", sagte Toland kurz. Leibniz betrachtete ihn nachdenklich.

„Haben Sie Beweise für diese Behauptung? … Es ist leicht …"

„Ich kenne den Brief", rief die Königin lebhaft. „Er ist eine Berühmtheit und weder im Altertum noch später angezweifelt worden."

„Es gibt viele alte Bücher und Schriften, die dennoch Fabeln enthalten", rief Toland. Er fühlt sich in die Enge getrieben, dachte Leibniz und freute sich der tapferen Antwort seitens der Königin.

„Glauben Sie an Gott?" fragte plötzlich Sophie Charlotte. Die Frage war eine Zusammenfassung und zugleich ein Abschluß des Gespräches. Röte stieg in Tolands Gesicht. Er erhob sich fast beleidigt ... Werden ihm seine guten, in Hannover erworbenen Manieren abhanden kommen, fragte sich Leibniz. Die Königin fuhr in freundlichem Ton fort:

„Es würde mir von Wichtigkeit sein, Herr Toland, zu erfahren, ob meine oder Ihre Ideen über die Gottheit sich berühren und in welchen Punkten sie auseinandergehen. Ich denke, wir werden noch öfter Gelegenheit haben, darüber zu reden. Auch der König, dem religiöse Fragen sehr am Herzen liegen, wird sich über Ihre Ansichten zu unterrichten wünschen."

Wie sie ganz Königin wird, dachte Leibniz belustigt und gerührt zugleich. Den Fremden würde sie nie ihre Herzensüberzeugung erkennen lassen, die sie, bei aller Verstandesschärfe, wie jede rechte Frau besitzt ...

Dem Gast wurde jetzt die Königin zu der bezaubernden Frau, die sie so oft war. In dem Gespräch, an dem auch Leibniz teilnahm, zeigte sich ihr reiches Wissen, ihre rasche Auffassungsgabe. Immer heller wurde das Gesicht des Besuchers, immer entzückter. Er vergaß über dem Erleben, einer ungewöhnlichen Frau zu begegnen, seine eigene Wichtigkeit. Vielleicht hatte er noch nie in seinem Leben ein weibliches Wesen so bewundert wie diese deutsche Fürstin. Vielleicht auch nie sich dem Reiz einer Stunde so hingegeben wie dieser.

Als er sich beim Abschied über die Hand der Königin neigte, sagte er: Nie zuvor habe er das seltene Glück gehabt, ohne auf Gehässigkeit oder Schärfe zu stoßen, über religiöse Fragen frei reden zu können. Auch daß man ihn nicht als einen Ketzer, sondern mit bezaubernder Güte als Mensch behandelt habe, werde er nie vergessen und es Ihrer Majestät stets danken.

Sophie Charlotte, Preußens erste Königin

Nach einem Kuperstich von J. W. Heckenauer nach Weidemann

Die Königin

Die Frau Herzogin von Kurland, unruhig, unstet, wie Frauen sind, die Enttäuschungen erlebten, sah Lützenburg als den ihr gebührenden Zufluchtsort an. Wie sollte sie auch nicht! Sie mußte mit ihrer Tochter standesgemäß unterkommen, war ohne Geldmittel, vertrieben aus dem Land, in das man sie als halbes Kind verheiratet hatte. Also: Eine frühere brandenburgische Markgräfin gehörte nach Brandenburg. Die liebenswürdige Königin hatte nichts gegen ihre Anwesenheit. Außerdem liebte diese Marie Dorothee, ihre schöne Tochter. Wer hatte dieses reizende Mädchen nicht gern! Aber der König, ihr Bruder, wie Brüder eben sind, wünschte ihren immerwährenden Besuch nicht. Er war mißgestimmt, wenn er sie sah, wollte sie auf einem eigenen Fürstensitz sehen. Man schlug ihr eine zweite Heirat mit dem Markgrafen von Bayreuth vor. Abscheulich! Er war ältlich und langweilig und Bayreuth ein Nest! Und Marie! Ach, was wurde aus Marie! Sie wußte, was die Tochter heimlich wollte, was die Königin für den Liebling wünschte, was Markgraf Albrecht begehrte, nur der König wollte es nicht!

Markgraf Albrecht ging scheinbar ziellos durch die Blumenanlagen des Lützenburger Gartens. Die weitläufigen, in Farbenpracht schimmernden Beete hatten heute keinen Reiz für ihn. Sie waren der Sonne und allen Blicken ausgesetzt. Hinter den Rosen und Nelkenbeeten, links, in der unmittelbaren Nähe des kleinen Sees, waren Laubengänge, wo es kühl, ungestört sich ruhen ließ. Er wich den lustwandelnden Damen und Kavalieren aus und war bald im ersten Laubengang angelangt. Vielleicht lockte die Frische des Wassers an dem heißen Tag noch jemanden hierher! Er sah sich rasch um. Der Gang schien leer. Da kam um die Windung eine weibliche Gestalt auf ihn zu. Marie, nein. Er hörte das Lachen der Königin.

„Mein Herr Bruder!“

Albrecht stotterte etwas. Dann lachte er auch. Zu allen Zeiten war ihm Sophie Charlotte erwünscht. Der Schwägerin hatte die jugendliche Schwärmerei seiner Knabenjahre gehört. Immer war sie die Gütige,Vermittelnde gewesen. Ihre Liebenswürdigkeit, ihre Heiterkeit verscheuchten die steife, würdevolle Haltung, die er haßte und die der König bevorzugte. Er war dem Bruder dankbar, von dem er nur Güte erfahren hatte, sein Herz aber verband ihn mit der Schwägerin. Und vielleicht noch dies, daß beiden das, „was die Leute sagen", gleichgültig war und daß sie Spaß verstanden.

„Wen suchen Sie denn hier, mein Bruder?" fragte Sophie Charlotte neckend, denn sie wußte es genau.

„Sie natürlich, Teuerste", log er schlagfertig. Sophie Charlotte hatte sich auf die Sandsteinbank gesetzt und sah ihn aus halbgeschlossenen, lachenden Augen an. Eine kleine Falte kam auf ihre Stirn. Dann nahm sie seine Hand und zog ihn neben sich.

„Du weißt, Albrecht, daß ich deine Freundin bin." Sie duzte manchmal, entgegen höfischer Sitte, den jungen Schwager, der noch ein Kind gewesen war, als sie nach Berlin gekommen war. „Jetzt sag mir, was ist mit dir und Marie?“ Er starrte sie an.

„Liebe und Husten lassen sich nicht verbergen, sagt ein spanisches Sprichwort“, meinte sie ruhig. „Willst du sie heiraten?“

„Ach ja, von Herzen gern“, sagte er einfach. Sie sah ihn fast gerührt an.

„Liebst du sie?“ Er nickte zwei-, dreimal.

„Und sie dich?“ Sein Lächeln vertiefte ein Grübchen am Kinn.

„Nun, das ist ja Antwort“, sagte sie trocken.

„Aber der König, mein Bruder, ist dagegen. Erstens ist Marie arm, und Friedrich liebt die Verwandtenehen nicht.“

„Soll ich euch helfen?“ Plötzlich hatte Markgraf Albrecht die Schwägerin in den Armen, gab ihr rechts und links Küsse, drückte sie so heftig an sein Herz, daß ihr der Atem ausblieb. Gerade wollte er einen wilden Tanz mit ihr beginnen, als eine dritte Person den Schauplatz betrat. Sobald sie die Gruppe sah, blieb sie erstarrt stehen. Ein amarantfarbenes Taftkleid stand wie eine Glocke um sie. Ihr dunkles Haar wurde von einem Sonnenstrahl, der durch das Blätterdach drang, gestreift. Sie glich einer holdseligen, modernen Frühlingsgöttin, aus deren Händen alle Blumen fielen.

„Marie!" Markgraf Albrecht ließ die Königin so heftig los, daß sie auf die Steinbank zurücktaumelte. Dann ergriff er die Hand der widerstrebenden Marie, zog sie mit sich zu Boden, dicht vor die Knie der Königin. Diese trocknete mit einem Tüchlein die Tränen, die Lachen und Ärger in ihre Augen gebracht hatten.

„Sei nicht eifersüchtig, Liebe", sagte sie, „die Küsse galten alle dir." Sie gab dem jungen Schwager einen Fächerschlag, strich mit der anderen Hand zärtlich über Maries wunderschönes Haar.

„Sag, liebst du diesen Unband?" Marie drückte ihr Gesicht in den Schoß der mütterlichen Freundin.

„Mehr als alles", sagte sie leise. Um den schönen Mund der Königin kam ein Lächeln, ein wenig froh und etwas traurig. Sie hatte die Tränen der Herzogin von Kurland, die Verzweiflung der sonst so leichtherzigen Frau gesehen, als man sie zu der ihr widerwärtigen Heirat gezwungen hatte. Sie hatte sich fügen müssen. Hier bei diesen Kindern wenigstens sollte das Gefühl allein sprechen, das wollte sie auf sich nehmen. Das Herz, ach, das Herz, es ist das Mächtigste!

„Ich helfe euch, meine Kinder", sagte Sophie Charlotte. Dann, nach einem kleinen Schweigen. „Auch an den Höfen spricht das Herz manchmal. Wer ihm folgen kann, ist beneidenswert." Das junge Paar stand aneinandergeschmiegt, sah mit dankbaren, glückseligen Augen auf die Frau, die beide lieb hatten. Wer sie für kalt hielt und nur für eine Gelehrte, der irrte. Der jungen Marie war sie mehr eine Mutter gewesen als die eigene. Und Albrecht kannte ihre Güte von langher. Sophie Charlotte schob ihren Arm in den der jungen Braut. Keiner, der ihnen begegnete, wußte von der anmutigen Verschwörung der drei. Als sie durch die Blumenanlagen zum Schloß zurückgingen, spielte die kleine Schloßkapelle der Königin gerade ein zierliches Liebeslied.

Geburtstag

Ein strahlender Julitag lag über Schloß und Gärten von Lützenburg, der Geburtstag des Königs, der 11. Juli. Die Hofangestellten höheren und niederen Grades hätten es nicht nötig gehabt, schön bemalte Zettel unter die Gesellschaft zu verteilen, auf denen das Programm des Tages mitgeteilt war. Alle wußten es, aber dennoch rissen sie den Lakaien die Blätter aus den Händen. Denn jeder wollte eine bleibende Erinnerung an den Tag haben. Jeder wollte beweisen können, daß er dabeigewesen war. Die große Hoftafel, bei der aller Glanz entfaltet wurde, war natürlich schon sehr angenehm gewesen, doch vorüber. Der Glanzpunkt würde erst am Abend sein, wenn das Tagesgestirn verschwand und im Park unzählige Lichter aufflammten, Apoll, die Musen, der ganze Olymp sich auf Lützenburg niederließen. Angeregt, vielleicht auch ein wenig erhitzt, erging sich die Gesellschaft vor den Glastüren auf der Gartenseite des Schlosses. Scherze flogen hin und her, nicht immer sehr zart. Denn der Wein hatte die Herren übermütig gemacht. Die Lust am derben Spaß hatte jene Zeit noch nicht ganz verloren. Da kam vom Wasser her wildes Geschrei. Alles blickte sich lächelnd an. Sollte man die Erschreckten spielen, Seiner Königlichen Hoheit, dem Kronprinzen, zu Gefallen? Es war schon zu oft von diesem Korsarenüberfall gesprochen worden, als daß irgend jemand in Lützenburg davon überrascht worden wäre. Da stürmte schon die wilde Horde heran, ein Piratenhäuptling, hinter ihm seine Bande, zerlumpt und wild aussehend, verfolgt von Soldaten unter Anführung des jugendlichen Kronprinzen. Nun mußte man wirklich aus Höflichkeit ein bißchen schauspielern! Die Damen flohen aufkreischend durch die offenen Türen ins Innere des Schlosses. Eine, die die Situation besonders interessant machen wollte, verriegelte die Tür. Die Herren nahmen Stellungen von Kämpfern an, einige zogen sogar ihre Galanteriedegen. Militärische Geräusche aller Art fehlten nicht. Pauken und Trompeten traten in Aktion. Über das sonst ernste, würdevolle Gesicht Seiner Majestät ging ein Lächeln. Er liebte den Klang dieser Instrumente und freute sich, daß der Sohn dies von ihm hatte. Die Piratenschar machte Miene, sich ins Schloß zu stürzen, um zu rauben und zu plündern. Indessen gelang es dem mutigen Anführer der bewaffneten Macht, sie zu Gefangenen zu machen. Sie fielen um Gnade flehend auf die Knie. Ein allgemeiner Pardon wurde von dem großmütigen Sieger gewährt. Dann wurden die Gefangenen freigegeben und ihnen ein reichliches Mahl, das merkwürdig schnell zur Stelle war, vorgesetzt.

„Das haben sich die armen Kerle reichlich verdient", sagte Markgraf Albrecht zu Marie Dorothee von Kurland. „Bei der Hitze Pirat spielen, ist kein Vergnügen." Der König schritt vorüber. Die beiden jungen Leute verneigten sich tief. Da hielt der König den Schritt an. Sein Blick ging ohne Wohlwollen über Bruder und Nichte. Ein wenig unklug war es von den beiden, daß sie sich dem König in den Weg stellten, um so mehr, als die Königin sie zur Vorsicht gemahnt hatte.

„Werden Sie Ihre Mutter begleiten, wenn sie uns bald verläßt?“ Nichts von der gewohnten Güte war in Friedrichs Stimme. Das junge Mädchen war blaß geworden.

„Ihre Majestät hat mir zugesagt, mich in Lützenburg bei sich zu behalten, wenn meine Mutter … fortgeht.“ Ein wenig Trotz lag in der Stimme. Der König legte zwei Finger an den Hut, ging weiter. Das kleine, freundliche Wort, das er sonst dem Bruder gab, blieb aus. Betroffen sahen sich die Zurückbleibenden an. Was sollten sie tun? Würde ein Fußfall Albrechts den König milder stimmen? Er liebte die kurländische Verwandtschaft nicht. Er bestand auf der Heirat der Herzogin mit dem Bayreuther Vetter, trotz aller Tränen, die aus den schönen Augen der Schwester flossen. Vielleicht hatte er nicht so ganz unrecht. Die Liebeleien, die immer wieder um die Herzogin gingen, waren ihm zuwider. Albrecht entsann sich, ganz kürzlich war der Herzog von Mecklenburg dagewesen, angeblich um des Königs willen, in Wahrheit aber, um die Herzogin zu sehen. Sie sollte daher nach Bayreuth und die Tochter mit ihr! Für seinen Bruder wünschte der König eine andere Heirat … Da kam die Königin, begleitet von ihren Damen.

„Meine Freundin“, sagte Friedrich und verneigte sich tief vor ihr, indem er den Hut abnahm. „Sie haben mir ein entzückendes Fest bereitet.“ Die Königin war, der Sitte der Zeit gemäß, in einer tiefen Verbeugung versunken. Die Damen hinter ihr folgten dem Beispiel der Herrin. Wie ein Tulpenbeet, in unzähligen Farben, breiteten sich die seidenen Röcke über den feinen Kies. Das fürstliche Paar schritt voran.

„Das eigentliche Fest, die Überraschung für Eurer Majestät Geburtstag, soll noch kommen“, lächelte Sophie Charlotte. Sie hatte die kleine Ärgerfalte auf des Gatten Stirn bemerkt, die bei der Festtafel noch nicht dagewesen war. Sicher hatte ihn gerade eben etwas verdrossen, und bestimmt waren das Albrecht und Dorothee gewesen. Sie verhielten sich auch zu unklug, sich heute immer nebeneinander sehen zu lassen! Sophie Charlotte würde ihnen schon eine Predigt halten! Die Pöllnitz, in dem Erkennen, daß die Königin ein Gespräch mit dem König wünschte, hielt die Damen des Gefolges unter einem Vorwand zurück. Noch war es zu hell, die Stunde der Theateraufführung nicht da, wo sie alle ihre vorgeschriebenen Plätze als Mitwirkende oder Zuschauerinnen einzunehmen hatten.

Theater

Heut ist heut", sagte Markgraf Albrecht. Er schob mit einer sanften Handbewegung Dorothee in einen der entgegengesetzten Seitengänge, die der König genommen hatte. „Laß uns die Gegenwart genießen und auf die Zukunft hoffen!" Sein schönes Gesicht hatte den Ausdruck der Zuversicht dessen, dem nie im Leben ein Wunsch versagt wurde, der Sorge oder Not nicht kannte. Die kleine Prinzessin aber war während ihres kurzen Daseins schon durch mancherlei Kummer und Ängste hindurchgegangen. Die Heimatlosigkeit, die Unsicherheit ihrer Zukunft hatte sie trotz ihrer Jugend schon erfahren. Er beugte sich zu ihr herab, und als er Tränen in ihren Augen sah, trocknete er sie mit dem Tuch, das er aus seiner silberbordierten

Tasche zog. Dann drückte er ihren Kopf an sich, als er sah, daß sie in Schluchzen ausbrechen wollte. Der leichte Goldpanzer, den er über dem Festkleid trug, knackte ein wenig, was ihr leicht bereites Lachen hervorrief.

„Weine nicht, Liebste", sagte er. „Ich bin nicht ganz arm. Ich werde Offizier bei den Generalstaaten, wenn der König mir einen Platz bei den brandenburgischen Truppen verweigert. Die Holländer zahlen gut. Dann kehre ich als Sieger mit vollen Taschen heim, und wir heiraten." Sie blickte ihn halb lächelnd, halb erschreckt an.

„Nein, dann wirst du verwundet oder erschossen, und alles ist viel schlimmer." Sie hörten Stimmen und gingen weiter in den verdämmernden Park. „Wird die Königin mich bei sich behalten dürfen, wenn der König mich fortschickt?" sagte die arme, kleine Prinzessin traurig. „Hier ist es soviel schöner als irgendwo anders. Die Königin so gut und du, du! Meine Mutter ist so oft in schlechter Stimmung, wenn wir kein Geld haben, oder auch sonst. Dann schilt sie mit uns."

Der Markgraf biß die Zähne zusammen. Die künftige Schwiegermutter war keine verlockende

Aussicht. Im Grunde konnte er seinen Bruder begreifen, daß er Madame de Courlande lieber in Bayreuth als in Lützenburg sah. Schweigend ging das junge Paar durch die Alleen und unter den Bogengängen des Gartens. Ein Paukenschlag, ein Zeichen, das die Darsteller zusammenrief, tönte vom Schloß. Albrecht hatte mit der Pöllnitz die Regie des Festspiels. Dorothee mußte sich in eine Erato verwandeln. Die Mutter, die die Rolle der Euterpe sang, würde sie schon ungeduldig erwarten. Dem jungen Bruder, der einen reizenden Amor darzustellen hatte, waren mit Mühe die wenigen französischen Verse beigebracht worden. Der hübsche Junge bezeugte mehr Interesse für den Korsarenüberfall und hatte bitterlich geweint, als man ihm verboten hatte, daran teilzunehmen. Jetzt sprang er der Schwester entgegen und zog sie in das Ankleidezimmer, wo man ihn gerade als Amor geputzt hatte.

Theater

„Le Triomphe du Parnasse."
*Fête celebrée dans le jardin royal de Lützenbourg avec musique. Sinfonie et ballets pour le jour de naissance de Sa Majesté Frédéric, Roi de Prusse.**

Das Königspaar voran, der Schwarm der Gäste und des Hofstaates folgend, begab sich der Festzug zu dem Bogengang, in dem die Überraschung für den König vor sich gehen sollte. Leise, anmutige Musik begleitete die Schreitenden. Am Eingang einer künstlichen Grotte waren Stühle für das Herrscherpaar aufgestellt, die übrigen fanden

* Auf deutsch: Fest im Königlichen Garten von Lützenburg mit Musik, Sinfonie und Ballett zur Feier des Geburtstages Sr. Majestät des Königs Friedrich von Preußen.

Platz auf Schemeln oder leichten Bänken. Man hatte dem Reiz der Szenerie nicht das scheinbar Improvisierte nehmen wollen. Ein sanftes Licht erhellte die Grotte, eine Quelle, die Hippokrene, sprudelte darin, und nun sahen entzückte Augen, die sich an das Halblicht gewöhnten, Apoll selbst, umgeben von der Schar der anmutigsten Musen. Die Musik ging weiter, mehr als Begleitung zu dem, was kam. Ein kurzgeschürzter Amor sprang vor Friedrich und Sophie Charlotte, lächelte schelmisch, und indem er seinen Bogen spannte, begann er, Verse zu sprechen. Worte drolligen Vorwurfs, daß man an diesem Hof für Amor nichts übrig hätte, sondern nur den klassischen Poeten huldige, aus der Zeit des Lukrez. Die Königin lachte, klatschte in die Hände, nahm freundlich die harmlosen Verschen entgegen:

	Freie Übertragung:
On ne fait guère	In diesen Gärten
Dans ce parterre	Schweigt man still
On ne fait guère	Vom armen Amor,
Cas de l'Amour.	Der tändeln will.

Tout est Lucreze,	Nein, keines Falles
Point de faiblesse,	Dringt Schwachheit durch,
Tout est Lucreze,	Wissen ist alles
A Lützenbourg.	In Lützenburg.

Cupido verschwand, und nun wurde die Gruppe Apolls und seiner Begleiterinnen stark beleuchtet, der Mittelpunkt der Aufmerksamkeit. Eine herrliche Ouvertüre ertönte, die eigentliche Feier begann. Die Stimme Tostis, des berühmten italienischen Tenors, schwebte über den atemlosen Zuhörern. Ein Märchen schien alles, aus der Wirklichkeit gehoben.

Apoll streckte die Hand über die Schar der Musen, die bisher in anmutiger Gruppe hinter ihm gestanden hatten. Jetzt bewegten sie sich im Reigenschritt über die Szene. Die Führung hatte Euterpe. Eine süße Erato, die Hirtenflöte an den Lippen, ein Rosenkränzchen im dunklen Haar, folgte ihr. Markgraf Albrecht war aufgesprungen. Er hätte fast soweit die Etikette vergessen, daß er den König angesprochen und seine, hier wenig angebrachte Bitte um Gehör gestammelt hätte. Aber es kam nicht dazu. Der Rauhgraf, der neben der

Königin auf einem kleinen Bänkchen saß, von dem seine mächtige Gestalt jeden Augenblick abzustürzen drohte, rief in unverfälschtem Pfälzer Dialekt, daß dies ein reizender Käfer sei. In der Tat legten sich die hellbraunen Gewandecken wie Flügeldecken um Eratos schlanken Körper. Der Oberzeremonienmeister von Besser schloß die Augen vor Entsetzen. Der König räusperte sich verärgert, Sophie Charlotte unterdrückte ein Lachen. Der Herr Vetter aus der Pfälzer Verwandtschaft war ganz plötzlich heute in Berlin eingetroffen und hatte sich nach Lützenburg begeben, wo er gerade noch zu der Festtafel zurecht kam. Da hatte er mehr, als ihm dienlich war, getrunken und die Damen in seiner Nachbarschaft entsetzt. Er war ein schöner, blonder Mensch, und eigentlich gefiel er ihnen sehr. Nicht so dem Markgrafen Albrecht, der ihn am liebsten mit einem Faustschlag bedacht hätte. Zum Glück war jetzt Klio, die Muse der Geschichte, vor dem Königspaar angelangt. Sie war ernst und schön. Ihre Hand hielt Buch und Griffel. Scheinbar zeichnete sie die Taten Friedrichs auf. In französischen Versen sprach sie über die bevorstehende Eroberung von Kaiserswerth, über des

Königs Entschlossenheit und seinen Beistand. Gesang löste die Rede ab, Polyhymnia und Kalliope sangen das Lob des Königs in italienischen Versen, nachdem Apollos Stimme sich dem Chor der Musen angeschlossen hatte. Dann löste sich alles in einem Tanz auf, angeführt von Euterpe, der Herzogin von Kurland. Die schönen Hofdamen der Königin, Fräulein von Sonsfeld, von Schlippenbach und von dem Busche, erfüllten alle Bedingungen an Anmut und Grazie, die man von Musen erwarten kann. Immer wieder schlang sich der Reigen der jugendlichen Gestalten, überflutet von buntwechselndem Licht. Die Königin ganz hingerissen, gab ihrem Entzücken lebhaften Ausdruck. Markgraf Albrechts heiße Augen hingen an der schmalen Gestalt der Erato, die auf nackten, nur mit Sandalen bekleideten Füßchen über den Boden zu schweben schien.

Das Antlitz des Königs war freundlich. Er winkte den Darstellerinnen seinen Beifall zu. In Albrechts Gesicht schoß das Blut. Würde Friedrich die Ablehnung von vorhin vergessen, doch seine Erlaubnis zu einer Heirat geben? Schon hatte Albrecht den Fuß vorgesetzt, um den Bruder anzureden. Da fühlte er einen leichten Fächerschlag. Die Königin stand neben ihm.

„Um des Himmels willen, jetzt nicht“, flüsterte Sophie Charlotte. „Ich sprach mit Friedrich. Er ist aufs äußerste verärgert über Ihre Absicht. Er würde Ihre Bitte rundweg abschlagen. Auch die Audienz in Berlin müssen Sie verschieben. Sie hätte jetzt keinen Zweck.“ Er sah sie erschreckt, bitter enttäuscht an.

„Was soll ich tun?“ Seine Stimme zitterte ein wenig. Er hatte soviel von der Fürsprache der Königin erhofft. Sie sah ihn betrübt aus ihren schönen, warmen Augen an.

„Jetzt nicht“, erwiderte sie bestimmt.

„Dann verlasse ich Berlin“, sagte er mit unterdrückter Heftigkeit. „Wozu soll ich bleiben?“ Sie nickte nachdenklich, zustimmend. Er neigte sich über ihre Hand.

„Sie werden für mich sprechen, wenn ich fort bin?“

„Ich bleibe deine Freundin.“ Sie drückte rasch seine Hand, der König sah herüber.

„Ersuche doch vielleicht um eine Audienz in Berlin, im Schloß“, flüsterte die Königin.

Abschied

Markgraf Albrecht und Prinzessin Dorothee saßen auf einer Bank weit vom Schloß unter den bunten, chinesischen Laternen. Es war schon spät, und ein heißer Wind hatte sich erhoben, der die farbigen Bälle bewegte und die Kerzen darin zum Verlöschen brachte. Aber die beiden jungen Menschen achteten nicht auf die Umwelt. Sie hatten mit ihren Gedanken und Gefühlen genug zu tun, hatten die Einsamkeit und halbe Dunkelheit gesucht. Es war der kleinen Prinzessin gelungen, ungesehen aus dem Hofkreis und hierher zu gelangen. Aber es wäre ihr auch gleichgültig gewesen, wenn man sie bemerkt hätte. Jedes Hindernis würde sie fortgeschoben haben, nachdem sie Albrechts leise Bitte um dieses Zusammensein gehört und sein erblaßtes Gesicht gesehen hatte. Die Verzweiflung machte jede Förmlichkeit der Hofetikette zur Nichtigkeit ...

Jetzt saß sie neben ihm, und zum ersten Mal hatte Albrecht die Geliebte fest an seine Brust genommen. Nun waren sie, nach den ersten, hastig getauschten Worten, verstummt. Das Gefühl des Beieinanderseins, das leidenschaftliche Verlangen, dieses kurze Geschenk der Stunde, durch nichts, nicht einmal durch Worte zu vermindern, erfüllte beide. Was hätten sie noch sagen sollen, nachdem das schlimme Wort „Abschied" gefallen war! Wie eine kalte Hand griff es der kleinen Prinzessin ans Herz, als Albrecht es zuerst gesagt und von seiner Abreise ins Feldlager gesprochen hatte. Wie versteinert war sie vor Schmerz und Angst. Ihn nicht mehr zu sehen, empfand sie schon schrecklich genug, und nun gar ihn in Gefahr zu wissen! War das nicht zuviel für ein liebendes Herz? Und er ...? Ihre Hand suchte nach der seinen. Wie lange durfte sie diese noch halten? Markgraf Albrecht zog sie so fest an sich, daß sie das heftige Klopfen seines Herzens an dem ihren fühlte. Was sollte aus dieser Liebe werden? Ginge es nach ihm, so bald wie möglich eine Heirat! Aber der König, der sich so schroff von ihnen abgewendet hatte! Würde er ihn je zu einer Änderung seiner Ansicht veranlassen können? Es schien alles so aussichtslos. Vielleicht, wenn die Königin für sie bat. Aber dazu war Zeit nötig und äußerste Vorsicht. Und sollte er so lange in Berlin bleiben, tatenlos und getrennt von der Geliebten …? Er schrie es hinaus, daß er das nicht ertrüge. Ein großer Waldkauz, der mit glühenden Augen über ihm im Baum saß, flog erschreckt, mit weichem Flügelschlag davon.

„Bleibst du mir treu, du Süße?“ drängte er gequält.

„Wen sollte ich neben dir ansehen?“ fragte sie fast gekränkt. Er drückte ganz sanft seine Lippen auf ihren Mund. Immer fühlte er ihr gegenüber die Scheu vor ihrer Unberührtheit, immer die ritterliche Sorge um ihre Zartheit.

„Mein Seelchen“, sagte er leise. Er hörte ihr unterdrücktes Weinen.

„Mußt du fort, Albrecht? Wie soll ich ohne dich sein?“

„Es ist besser so, Liebes“, sagte er zärtlich. „Auch für dich. Komm ich nach Lützenburg, so ist es wider den Willen des Königs, und bin ich in Berlin, so sind wir ebenso getrennt. Dann schon besser in Kaiserswerth."

„Aber die Gefahr", schluchzte sie.

„Gott ist mit den Liebenden", erwiderte er, schon wieder in der strahlenden Zuversicht seiner glücklichen Natur. Er zog sie im Aufstehen zu sich, beugte sich herab und küßte sie. Im Flackern der letzten verlöschenden Kerze sah sie sein siegesfrohes Lächeln um seinen schönen Mund. Eng aneinandergeschmiegt schritten sie über viele umbuschte, dunkle Wege, kreuz und quer durch den Garten. Dann waren sie am Schloß. Sie blieben noch einmal auf der Terrasse stehen. Die großen Festsäle lagen schon ohne Kerzenglanz, verlassen von der bunten Menge. Nur in den Schlafgemächern irrten noch Lichter hinter den vorgezogenen seidenen Gardinen. Ein letzter Händedruck, ein letztes Liebeswort. Ein Schatten huschte durch eine kleine Seitenpforte ins Schloß. Kurz darauf hörte Dorothee die Hufschläge eines Pferdes, leiser und immer leiser auf dem Weg nach Berlin …

Es wurde eine Trennung ins Ungewisse, denn der König blieb bei seiner Weigerung, und Markgraf Albrecht verließ Berlin, um nach Kaiserswerth zu gehen.

Im Feldlager

Als Markgraf Albrecht das Zelt des Oberbefehlshabers der österreichischen und brandenburgisch-preußischen Truppen betrat, lag das Auge des Prinzen von Nassau-Saarbrücken mit Wohlgefallen auf der schönen und kraftvoll männlichen Erscheinung. Er erhob sich und reichte dem Markgrafen die Hand, damit die militärische Meldung des soeben im Lager Eingetroffenen höflich abschneidend.

„Euer Hoheit wollen uns Ihren wertvollen Beistand geben", sagte er leicht. Dem Jüngeren stieg das Blut in die Stirn. Sollte dies Spott sein? Schon der erste Weg durch das Lager hatte ihm gezeigt, daß man wohl nicht mehr weit von der gänzlichen Überwindung der Stadt sei, daß der neue Befehlshaber das, was den früheren mißlungen war, nun durchsetzen würde.

„Ich kam, um gleich meinen Landsleuten der Sache von Kaiser und Reich zu dienen", erwiderte Albrecht ruhig. Der Prinz sah rasch auf. Ein Lächeln, das die Zähne zeigte, teilte seine Lippen.

„Es kommen viele vornehme junge Herren aus dem Reich zu uns. Doch die wollen lieber befehlen oder suchen Abenteuer, Glücksspiel und Beute." Seine Hand wies zur offenen Zeltwand. Von unfern, aus einem Zelt, tönten Stimmen, schreiend, lachend, fluchend.

„Eure Gnaden werden es erfahren, ob ich einer von solchen bin." Jetzt lachte der Prinz.

„Die aus Brandenburg haben ein gutes Mundwerk. Es sind hier mehr davon." Er sah ihn scharf an. „Euer Hoheit sind Reiter?" Albrecht unterdrückte ein Lächeln.

„Ich kam zu Pferd von Berlin. Vom Regiment Gendarmes. Seiner Majestät von Preußen Bruder." Er sagte dies wie eine militärische Meldung.

„Ich weiß, ich weiß. Ihr habt auf Eurem Ritt einen Teil des Kriegsschauplatzes gesehen, seid gar auf die Hilfsvölker des Herrn Herzogs von Marlborough gestoßen?“ Der junge Mann senkte den Blick. Ein trauriger Zug kam um seinen Mund. Der Prinz ersah die Antwort aus dem Schweigen.

„So ist der Krieg“, sagte er abschließend. Doch es war kein harter Ton in seiner Stimme. Albrecht dachte: Wen das Geschick zum Heerführer bestimmt, darf nicht weich sein … Als er verabschiedet worden war und aus dem Zelt trat, vermied er es, in die Nähe desjenigen zu gehen, aus dem der Lärm gedrungen war. Seine zwei Begleiter von Berlin, brandenburgische Jungen, hatten ihm ein Unterkommen in der Nähe der preußischen Truppen verschafft. Dort wurden auch die Pferde untergebracht. Jetzt saßen sie mit am Lagerfeuer, hatten gleich gute Kameradschaft gemacht, verzehrten ihr Abendessen mit den Landsleuten. Albrecht grüßte freundlich, ging hin und her, fand einige, ihm bekannte Offiziere, die ihn in ihren Kreis aufnehmen wollten. Doch er war zu erregt, um sich niederzulassen. Die lodernden Feuer, die Unruhe, die Buntheit des Lagers fesselten ihn. Dahinter lag die belagerte Stadt, dunkel, traurig. Wenn die Lagerfeuer aufzuckten, sah er die Zerstörung, die die Belagerer dem unseligen Ort angetan hatten. Fünf Jahre ging das schon, bald unterbrochen, dann wieder aufgenommen. Und seitdem schritt, über das schönste deutsche Land, an den Ufern des Rheins, der dröhnende Fuß des Krieges, fremder und deutscher Soldaten. Wie viele verbrannte und verlassene Dörfer und Gehöfte hatte er auf seinem Weg gesehen! Aufgewühlte Äcker, zerstampfte Wiesen. Wann nahm das ein Ende? Ein Kampf zwischen Heer und Heer, zwischen wohlausgerüsteten, kriegsfähigen Männern war recht. Doch weshalb mußten die armen Bewohner, die der Krieg als Unheil überfallen hatte, so furchtbar unter ihm leiden! Doch er kam nicht, um zu philosophieren. Er hatte zu gehorchen und seine Soldatenpflicht zu tun …

Über das Lager sank die Nacht. Am klaren, dunkelblauen Himmel standen Sterne, die gleichen, die über Lützenburg und seiner Liebsten glänzten. Die Stimmen, die sangen und lärmten, verhallten. Es wurde still in den Zeltgassen. Als Albrecht seiner Behausung zuging, kam ihm ein Kirchenliedvers in Erinnerung. Seine Gedanken verknüpften ihn lächelnd mit dem Bild Dorothees. Der leichtherzige Markgraf Albrecht dachte: Möchte ihr weder Unfall noch Gefahr zustoßen, möchte Gott ihr seiner

Engel Schar mit goldenen Waffen ums Bettlein stellen! Es legte sich ihm beruhigend aufs Gemüt.

Der Prinz von Nassau schickte den Markgrafen häufig zu Erkundungsritten aus. Mit einigen erprobten, gewandten Leuten kam er zu verschiedenen Zeiten und von verschiedenen Seiten der belagerten Stadt unbeobachtet nahe. Er ließ dann die Pferde unter Aufsicht in Deckung zurück und schlich, oft nur von einem Mann begleitet, bis dicht an die Mauer der Stadt. Mit seinen scharfen Augen beobachtete er manches über die Bemannung der Wälle. Schutzvorkehrungen, die die Pfalzgräflichen der Garnison zu ihrer eigenen Sicherheit und der besseren Verteidigung der Stadt immer noch versuchten, ließen ihn die schlimme Lage der Stadt erkennen. Der Damm, der in früheren Zeiten den Rheinarm verschüttet und so dem Ort seine Inselgestalt genommen hatte, war jetzt wohl eher ein Nachteil für die Verteidigung.

Dann kam der letzte, mit allen Kräften der Belagerer einsetzende Angriff der vereinten Truppen. Markgraf Albrecht erlebte diesen letzten Akt der Tragödie. Auf einer der Sturmleitern, das kurze Beil in der Faust, erstieg er mit seinen Soldaten den

Wall. In eine Hölle meinte er zu kommen, als die durch Pechkränze brennende Stadt vor ihm lag, er die Siegesschreie der Eroberer, das Jammern der Verwundeten und Sterbenden hörte. Von der Glut der Flammen zurückgetrieben, fast von Rauch erstickt, verließ er, nachdem er an dem letzten kurzen Ringen teilgenommen hatte, durch eines der jetzt offenen Tore den unseligen Ort. In seinen Armen trug er einen jungen Kornett, fast noch ein Kind, den er aus einem brennenden Haus gezogen hatte, mit einer tiefen Verletzung am Hinterkopf, auf den ein verkohlter Balken geschlagen war. Vom Strom kam ein Wind, der die Rauchschwaden vertrieb. Der Markgraf trug den Geretteten ein Stück weit aus dem Bereich der Kämpfe um die brennende Stadt. Dann ließ er ihn an einer geschützten Stelle sanft zur Erde gleiten. Er versuchte, dem immer noch Bewußtlosen einige Tropfen aus seiner Feldflasche einzuflößen. Ein paar Leute, die den Markgrafen kannten, eilten herbei. Ihnen gab er den Auftrag, den Kornett in eines der Zelte in seiner Nähe zu bringen und für ihn zu sorgen. Ihn selbst riefen seine militärischen Pflichten wieder zurück. Aber der letzte Sturm auf die Stadt hatte die Belagerer zu Siegern gemacht. Als die Sonne unterging, saß Albrecht am Lager des jungen Menschen, der noch nicht erwacht war und eine tiefe Wunde über dem Kopf, außer seiner schweren Betäubung, davongetragen hatte. Zu Albrechts Freude gab der Wundarzt gute Hoffnung auf völlige Heilung des Verwundeten. Doch als der Markgraf nach wenigen Tagen heimwärts ritt, war sein Schützling noch nicht zu vollem Bewußtsein erwacht.

Audienz

Markgraf Albrecht war wieder in Berlin. Ein zweites Mal stieg er die Schloßtreppe hinauf, um die Erlaubnis des Bruders für seine Heirat zu erbitten. Es ging um sein Lebensglück, und ohne des Königs Erlaubnis war eine Ehe nicht möglich. Bald nahm er zwei Stufen auf einmal, dann blieb er zögernd stehen. Wie würde die Unterredung ablaufen?

Nun war über ein Jahr vergangen, seit jenem Fest in Lützenburg, als Dorothee von Kurland sich ihm fürs Leben versprochen hatte. Die Königin war ihnen beiden Freundin geblieben. Sie hatte ihren Willen durchgesetzt und Dorothee bei sich behalten, als die Mutter die unerwünschte Heirat in Bayreuth einging. Aber der König wollte immer noch nichts von einer Verbindung seines Bruders und seiner Nichte wissen. Albrecht wurde von einem Kammerjunker zum anderen gewiesen, ehe er vor der Tür zu des Königs Arbeitszimmer stand. Ungeduldig dachte er, hier bin ich wie ein Ball, den einer dem anderen zuwirft. Wäre ich König, ich plagte mich nicht mit diesem Heer von Trabanten und Schleppenträgern. Dann stand er vor seinem königlichen Bruder, der ihn freundlich, aber doch gemessener als sonst empfing. Albrecht ging gleich auf sein Ziel los.

„Ich komme zu Eurer Majestät mit einer innigen Herzensbitte. Ich liebe die Prinzessin Dorothee Marie von Kurland, und sie liebt mich. Ich bitte meinen königlichen Bruder, uns die Erlaubnis zur Heirat zu geben." Er atmete tief auf, als er seinen Spruch beendigt hatte. Der König unterbrach ihn nicht. Dann sagte er ruhig:

„Mein Bruder, Sie wissen, daß ich gegen Verwandtschaftsheiraten bin. Denn die Verwandtschaft zwischen der Prinzessin und Ihnen ist allernächste. Es ist gut, immer wieder frisches Blut in die Fürstenfamilien zu bringen." Zorn vor diesem Ausweichen wollte in dem jungen Mann aufsteigen. Er war es gewohnt gewesen, stets mit größter Güte von seinem Halbbruder behandelt zu werden. Sein heutiges Benehmen erinnerte ihn an damals, als er des Königs Erlaubnis erbeten hatte, ehe er am Feldzug teilnahm. Nun aber hatte er preußische Truppen vor Kaiserswerth befehligt, wenn auch nur für kurze Zeit. Warum wollte ihm der König nicht erlauben, eine standesgemäße Heirat zu schließen?

„Für die Regierenden sind die Ansichten von Eurer Majestät sicherlich richtig. Aber ein kleiner Markgraf wie ich, der jüngste von drei Brüdern! Der Kronprinz wird Ihnen viele Enkel bescheren. Meine Frau und ich wollen nur Eurer Majestät treue und dankbare Untertanen sein.“ Er hatte sich aufs Knie niedergelassen. Es war nicht Unterwürfigkeit, vielmehr die Geste eines jungen Ritters, der seinem Lehnsherrn huldigt. Friedrich sah ihm freundlich in das schöne, ein gutes Gefühl widerspiegelnde Gesicht.

„Du sollst glücklich werden, mein Bruder“, sagte Friedrich plötzlich leise, doch so, als scheue er sich, diese Worte auszusprechen. „Meine Grundsätze kann ich, selbst um eines Bruders willen, nicht umstoßen. Ich werde deshalb bei deiner Vermählung nicht zugegen sein. Wenn aber die Königin der Prinzessin, meiner Nichte, die Hochzeit ausrichten will, so habe ich nichts dagegen." Er stand auf. Es war das Zeichen der Verabschiedung. Albrecht sah ihn bestürzt an. War er in Ungnade entlassen? Doch nein, so sah die Sache nicht aus. Der junge Mann hatte sich erhoben, als Friedrich seine seltsame Erlaubnis gab.

„Es wäre mir ein großes Glück, eine Gunst gewesen, wenn Eure Majestät bei meiner Heirat ..." Der König machte das Abschiedszeichen mit der Rechten. Es blieb nichts anderes übrig, als sich tief zu verneigen. Nachdem Albrecht draußen stand, war ihm der Kopf wirr. Hatten die recht, die meinten, daß viel von der Ablehnung und Zurückhaltung im Wesen des Königs nichts als Verlegenheit sei? Die Unmöglichkeit, in leichter Form das zu sagen, was er fühlte. Fast hatte es heute so ausgesehen! Albrecht wurde ein wenig traurig. Füllte der Gedanke an die Würde und Hoheit des Königtums das weiche und gute Herz seines Bruders so aus, daß er alles diesem unterordnete!

Als Albrecht in Gedanken verloren die Schloßtreppe hinabstieg, ging ihm dies und vieles andere durch den Sinn, auch jüngst Vergangenes. Die Hochzeit der Herzogin von Kurland zum Beispiel. Es war gräßlich gewesen. Der Markgraf von Bayreuth, sechzigjährig und Vater mehrerer Kinder, hatte sich in der Brautnacht so benommen, daß die Herzogin weinend das Schlafgemach verlassen und bei der Königin Schutz gesucht hatte. So war der Skandal im ganzen Schloß von Lützenburg bekannt geworden. Aber niemand hatte Mitleid gehabt. Vielmehr zwang der König sie, dem verhaßten Gemahl nach Bayreuth zu folgen. Denn sie war arm, bezog von Kurland keine Jahresgelder. Dort plünderten die Schweden, die Moskowiter und die Polen nacheinander das Land aus. Albrecht kam es plötzlich vor, als sei er über brüchiges Eis gegangen. War es nicht schon fast als ein Wunder anzusehen, daß der König überhaupt seine Erlaubnis zu seiner Heirat gegeben hatte? Plötzlich kam ihm ins Bewußtsein, was alles auf dem Bruder lastete. Dieser unselige Krieg, den er nicht gewollt hatte, in den er fast wider seinen Willen hineingezogen wurde, er, der ein ausgesprochener Feind des Kriegführens war. Düster wollte die Zukunft vor dem jungen Menschen aufstehen, dachte er daran, daß der Krieg noch Jahre dauern, Menschenglück, Wohlstand immer mehr vernichten würde. Weshalb wurde Preußen in die Feindseligkeiten zwischen dem Kaiser und Frankreich hineingezogen? Mußten brandenburgische Landeskinder dafür ihr Leben lassen? Sein eigenes, junges Glück trat für den Augenblick zurück. Das Weltgeschehen, in das sie alle einbezogen waren, wurde ihm schreckhaft klar. Wie grauenhaft war die Zerstörung von Kaiserswerth gewesen! Acht Menschen, so sagte man, seien von den Einwohnern übriggeblieben, die anderen getötet worden oder geflohen. Es war, als hielte der finstere Dämon des Krieges die Völker in seinen Krallen. Und dies war erst der Anfang. Albrecht dachte an seine Eindrücke vom Feldlager, Sorgen, schwere Gedanken über die Weltlage stiegen in ihm auf.

Die Kriegsfurie, scheinbar seit dem Westfälischen Frieden niedergezwungen, hatte doch wieder ihr Haupt erhoben. Doch er war jung, es kamen wohl bessere Zeiten. Seit er Dorothee kannte, fror es ihn in der Kälte des Hofes, an dem nur die Königin anders war. Ihn aber verlangte nach Herzenswärme, nach einem eigenen Zuhause, nach Frau und Kindern. Er warf sich aufs Pferd, so wie er war. Im Hofkleid, im bordierten Rock, mit seidenen Strümpfen und Schuhen, daran die Edelsteinschnallen glänzten, jagte er nach Lützenburg, um seine Heirat bei der Königin zu betreiben. Als er in den Schloßhof ritt, sah er an einem der Fenster das Gesicht seiner Liebsten. Er lächelte, winkte ihr. Dachte an das erste Mal, als sie ihn so einreiten gesehen hatte. Und nun sollte sie so bald seine Frau sein! Als er in Lützenburg eintrat und der Königin sein Gespräch mit seinem Bruder wiederholte, sah sie ihn mit ihren großen, klugen Augen an. Dann lächelte sie fein.

„Mein Bruder, wer weiß, ob Seine Majestät überhaupt seine Erlaubnis gegeben hätte, wenn da nicht ein kleiner Umstand zu Ihren Gunsten gewesen wäre." Er blickte sie erstaunt, fragend an.

„Der König hat durch Zufall unlängst erfahren, daß Sie den jungen Kornett unter Lebensgefahr in Kaiserswerth auf der Sturmleiter gerettet haben. Der König hält viel von dem jungen Kameke." Albrecht sah sie durchdringend an. Dann zuckte es um seinen Mund.

„Es war nicht auf der Sturmleiter, und ich habe mich nicht zum Herold meiner Tat gemacht."

„Dann war es jemand anderes. Der kleine Kameke war Kammerpage bei Seiner Majestät."

„Ich kannte ihn nicht, als ich ihn trug, und er war bewußtlos noch, als ich abritt." Die Königin schwieg. Da hatte Albrecht in seiner warmen, stürmischen Art, so wie damals im Laubgang, sie wieder in den Armen, küßte sie auf beide Backen.

„Dieses Beweisstück haben Sie Seiner Majestät beigebracht", lachte er. „Meine liebe Frau Schwester, ich danke Ihnen."

Leibniz

Ich werde nun bald wieder in Hannover sein, dachte Sophie Charlotte. Wie ein Jungbrunnen waren ihr diese Reisen. Sie würde sie diesmal mit der Mutter machen und Leibniz in Herrenhausen treffen, es wäre dann alles wie einst. Dieses Schloß Lützenburg, das sie doch liebte, das sie sich als Ausgleich geschaffen hatte, wo sie den Enttäuschungen ihres Lebens ausweichen konnte, es war doch nicht so mit ihrem Herzen verwurzelt wie die Kinderheimat. Ein Erinnern war dort, das in der Stunde aufhören mußte, als sie nach Berlin kam. Süß und wie in Nebel zerrinnend. Das nur manchmal in Träumen zu ihr kam. Aber in den Gärten von Herrenhausen und in den weiten Gängen des Schlosses von Hannover meinte sie noch die Fußspuren zu finden oder einen Hauch des Vergangenen …

Der jetzige Feldzug verlief schlechter als je. Wann würde er zu Ende sein? Alles hoffte auf das tatkräftigere Eingreifen des Herzogs von Marlborough. Es ging das Gerücht um, daß der Herzog von Bayern sich den Verbündeten anschließen würde, gegen Frankreich. Aber es war eine falsche Freudenbotschaft, wie schon so viele in diesem Krieg.

Sophie Charlotte ging über ihre Terrassen, freute sich an den Blumen, die bunt und lustig blühten. Daß Bothmer, der alte Freund und Vertraute aus Hannover, ihr aus Holland die kostbaren Zwiebeln schickte, beglückte sie. Es glich keine der anderen, in unendlicher Verschiedenheit verschwendete die Natur. In dieser die Einheit zu sehen, hatte Leibniz sie gelehrt. Wie gut hatte es getan, einmal wieder und für längere Zeit diesen großen, abgeklärten Menschen neben sich zu haben, seine hohen Gedanken, seine erstrebenswerten Lebensgrundsätze als Vorbild vor das innere Auge zu stellen …

Sie hörte Schritte hinter sich. Er kam, mit dem sich ihre Gedanken beschäftigten, über den feinen

Kies des Weges auf sie zu. Daß die Natur diesem erhabenen Geist keine andere Hülle gab! Der übermäßig dicke Kopf, die unschöne Gestalt, dazu eine gewisse Vernachlässigung des Anzuges. Und doch … Man vergaß das alles, wenn er sprach, wenn man in seine klugen und auch schönen Augen blickte. Leibniz unterließ nie die Ehrerbietungsgeste, die die Zeit vorschrieb. Deshalb verneigte er sich schon in einiger Entfernung vor der Fürstin. Sie winkte freundlich, lächelnd.

„Daß Sie uns morgen schon verlassen“, sagte sie bedauernd, als er neben ihr stand, „das betrübt mich sehr, mein Freund.“ Er wußte, es war keine Phrase. „Alles im Leben ist immer nur eine Episode, nur daß die guten schneller vergehen als die schlimmen.“

„Vielleicht scheint es uns nur so“, sagte er, langsam neben ihr gehend. „Möglicherweise ist dies nötig für die innere Wandlung, die wir durchmachen müssen, um uns schon hier der Daseinsform anzugleichen, die uns beim Verlassen dieses Sterns sicher ist.“

„Und wie mag diese Wandlung sein?“ Es kam kaum als Frage, auf die man eine Antwort erwartet.

Sie hatten lange schon diese Tiefen und Höhen des Nachsinnens in ihren Gesprächen erörtert.

„Sie wird so verschieden sein wie die Blätter an den Bäumen und der Grundidee jedes einzelnen Menschen entsprechen. Wir können uns nur in der Richtung entwickeln, auf die unsere Natur bestimmt ist."

„So müßten wir uns schon hier hüten, unserer wahren Natur entgegenzuhandeln, ja zu denken."

„Sicherlich. Was wir von außen in uns aufnehmen, wird allmählich ein Teil von uns, kann uns heben oder sinken machen." Und dann kam ihr das Verlangen, vor seiner Abreise mit ihm noch einmal über die gegenwärtige Lage, den Krieg, die Bedrückung, die schwer auf ihr lag, zu reden.

„Dieser Krieg wird noch lange dauern. Das, was jetzt erst beginnt, die Verarmung des Landes, die Zerrüttung der Wirtschaft, werden sich unheilvoll weiter ausbreiten."

„Was vermögen wir dagegen zu tun?" fragte sie angstvoll. „Können wir etwas dagegen unternehmen?" Er schwieg. Dachte an die großen Ausgaben des Hofes, an die verschiedenen Hoflager in Berlin, Potsdam, Oranienburg, Lützenburg. Und doch, es entstand dadurch Verdienst, das Geld „roulierte", wie der König gesagt hatte. Handwerker jeder Art, bis zu den Künstlern, bekamen zu tun. Gerade der Luxus brachte Geld unter die Leute. Wie wenig bedeuteten auch im Grunde, diese Ausgaben gegen die Summen, die der Krieg verschlang! Sein Blick, an vielen Höfen bei seinen diplomatischen Reisen geschärft, sah, es war überall das gleiche. Jeder meinte sein besonderes Ziel zu haben, Wunschbilder zu erreichen. Aber es war die übermächtige Hand des Schicksals, das sie alle schob, nur daß dies die wenigsten erkannten, so wie diese kluge Frau ... Er sagte sanft:

„Bleiben Eure Majestät das, was Sie immer waren. Das, was Sie dem Land gaben, auch wenn es jetzt noch vielen verborgen ist, wird einmal seine segensreichen Früchte tragen. Ihre Natur ist nicht so geartet, daß Sie sich im Dienst für ein Volk verzehren können, aber Sie vermögen alles Schöne und Edle zu fördern in Ihrer feinen, leichten, gütigen Art."

Der Diener, der den Wagen meldete, mit dem der Gast nach Berlin fuhr, kam über die Terrasse. Leibniz beugte sich ehrfurchtsvoll über die Hand seiner Schülerin und Freundin. Sein Wort hatte ihr irgendwie wohlgetan, obgleich er eine bedrohte Zukunft sah. Der Weg, den er ihr wies, ihrer eigensten Natur treu zu bleiben, war der rechte. Sein Rat hatte ihr den inneren Stützpunkt gegeben, wie schon so oft.

„O großer Leibniz", sagte sie und lächelte, „wie bist du menschlich und voller Verstehen!"

Hannover

Sophie Charlotte war in ihrem geliebten Hannover. Niemand konnte wie die Frau Mutter Feste veranstalten, geistreich und lustig, und jeder Ort erinnerte an die Jugendzeit, als sie noch Figelotte hieß und keine Sorgen hatte. Die beiden großen Sorgen ihres Lebens, den Sohn und seine vernachlässigte Erziehung, ihre Machtlosigkeit dagegen und dann den verhängnisvollen Einfluß der Wartenbergs! Aber jetzt wollte sie das alles hinter sich werfen. Ihre Natur, so glücklich gemischt, aus geistigsten und irdisch-fröhlichsten Elementen, war dazu jederzeit fähig. Mit allergrößter Freude begrüßte sie in Hannover den alten Herzog von Celle, den Schwiegervater ihres Bruders des Kurfürsten. Der alte fürstliche Lebemann und Grandseigneur, voll Liebenswürdigkeit, hatte eine besondere Vorliebe für Sophie Charlotte. Mit ihr konnte er über Paris und Venedig plaudern, wo er unzählige Feste, das Überschäumen des Lebens im Karneval mitgemacht hatte. Wie eine lebende Chronik war er, alles Leid, welches das Leben ihm gebracht hatte, war in diesem bunten Strudel des Erinnerns untergegangen. Sich unterhalten, sich zerstreuen, vor dem Drohen der Zukunft die Augen verschließen, das Dasein genießen war dieser Zeit das Selbstverständliche ... Am Hof von Hannover war eine ewige Maskerade. Und wenn nicht diese, dann ein Ball oder ein Schäferspiel. Daß auch gute Musik aufgeführt wurde, dafür sorgten die beiden fürstlichen Damen.

Eines Tages war der Rauhgraf Karl, der Neffe der Kurfürstin und ältester Sohn ihres Bruders, des Kurfürsten von der Pfalz, mit der Degenfeld in Hannover aufgetaucht. Seine Vorliebe für reichliches Trinken brachte er aus der pfälzischen Heimat mit, ebenso eine etwas laute Fröhlichkeit. Wer den Vorschlag dazu gemacht hatte, wußte niemand, aber unversehens befand man sich in eifrigen Vorbereitungen für die Darstellung des „Gastmahls des

Trimalchio“, nach dem Roman des römischen Schriftstellers Petronius …

Der König ging in seinem Arbeitszimmer im Berliner Schloß verärgert vom Schreibtisch zum Fenster und wieder zurück. Er mochte nicht das Gesicht Wartenbergs sehen, er wußte, daß darin nur Schadenfreude stand. Freude darüber, endlich einmal etwas wirklich Tadelnswertes über die Königin berichten zu können.

„Ihre Majestät, als Gast der Frau Kurfürstin, hatte ja wohl nicht die Möglichkeit, die Aufführung zu verhindern“, sagte der erste Minister heuchlerisch. Er wußte sehr gut, daß die Kurfürstin sich stets den Wünschen der Tochter fügte und daß der König ihm nicht sein Eintreten für die Königin glaubte. Friedrich, ein guter Lateiner und in der klassischen Literatur bewandert, stieß zornig heraus:

„Das Gastmahl des Trimalchio! Es ist eines der unflätigsten Werke, das uns Petronius hinterlassen hat!“ Die Ader auf seiner Schläfe war dick. Im Herzen dachte er: Warum läßt mich der Kerl jetzt nicht allein! Sieht er nicht, daß mir seine Anwesenheit in diesem Augenblick sehr mißfällt!" Aber er getraute es sich nicht, den Mann, der einen unerklärlichen Einfluß ausübte, fortzuschicken.

„Der Rauhgraf hat den Trimalchio gemimt, die Pöllnitz die Fortunata. Die Kurfürstin, der Kurfürst, Ihr Sohn und Ihre Majestät die Königin haben teilgenommen. Die Aufführung im Theater ist wohl, soweit es der Anstand erlaubte, ganz nach dem Bruchstück jenes Romanes eingerichtet gewesen." Dieses: „soweit es der Anstand erlaubte", gab der Geduld des Königs den Rest. Er raffte sich doch zu einer entlassenden Handbewegung auf. Fast verblüfft verneigte sich Wartenberg. Er sah, hier war eine Grenze, über die er nicht hinaus durfte.

Als Friedrich allein war, dachte er über das Gehörte nach. Der Rauhgraf würde wieder zu viel getrunken und sich demgemäß aufgeführt haben. Eine Stelle des Romanes bot ja die beste Gelegenheit. Der Freigelassene und Emporkömmling Trimalchio erklärt seinen Gästen, daß er kürzlich noch viel bessere Weine vorgesetzt habe. Da seien aber die Eingeladenen auch ganz andere Kerle gewesen! Friedrich hörte ordentlich das Lachen Sophie Charlottes über diese Satire, über den Reichgewordenen, der sich in schlechtestem Latein als der Herr aufspielt, die übelsten Dinge aus seinem früheren Leben in der Trunkenheit zum besten gibt! Wie konnte sie nur! Wie vermochte sie, die das Edle und Gute liebte, an der Wissenschaft und allen Künsten sich freute, eine so häßliche Maskerade mitzumachen! Er wußte, er würde ihr dies lange nicht verzeihen können! Und das Schlimmste: Sein Ärger würde ihr gar nichts ausmachen! Ihre Lust am derben Spaß war ihr genauso angeboren wie ihre Neigung zu Musik, Philosophie und Metaphysik. Dieses Universale ihrer Natur konnte er nicht begreifen. Aber eines wußte er, so wie sie war, mochte sie ihn oft ärgern oder ihm widerstreben, sie gehörte zu ihm, und er war froh und glücklich, wenn er sie nur wieder daheim hatte.

Schloß Charlottenburg
Lieblingsaufenthalt der Königin Sophie Charlotte
Nach einem Kuperstich von C. B. Schwarz

Rückkehr nach Lützenburg

Die Königin war wieder in Lützenburg. Am Nachmittag erwartete sie die Besuche des Königs und ihres Sohnes, die sie nach ihrer Rückkehr begrüßen wollten. Sophie Charlotte kniff den hübschen, vollen Mund ein wenig ein, dachte sie an die bevorstehende Unterredung mit dem König. Sie wußte, daß man ihm die Maskerade von Trimalchio hinterbracht hatte und er sehr ärgerlich darüber geworden war. Daß alle ihre Schritte in Hannover von den Wartenbergs ausspioniert und in gehässiger Weise ausgedeutet wurden, war ihr bekannt. Aber sie achtete dies gering. Eine Burleske, ins Maßlose von bösen Zungen übertrieben, war das ganze gewesen.

Sie war von der Reise recht ermüdet, hatte die

Pöllnitz vorausgeschickt und die Fahrt mit der Bülow gemacht.

Als der König vor ihr stand – der Kronprinz war schon vorher gekommen und bald wieder nach Berlin zurückgekehrt –, sah sie doch zuerst die Freude über das Wiedersehen in Friedrichs Augen. Alle seine geschraubten Sätze hinderten sie nicht, das wahre und echte Gefühl, das dahinter stand, zu spüren. Nach einer Einleitung, die um Ihrer Majestät Gesundheit und die Reise ging, begann Friedrich plötzlich das Thema von jener unseligen Maskerade aufzurollen.

„Wer Ihnen davon erzählt hat, lieber Freund, hat böswillig übertrieben", sagte Sophie Charlotte gelassen. „Ich brauche nicht weit zu suchen nach dem Zwischenträger!"

Als der König auffahren wollte, fuhr sie ruhig fort:

„Ich gebe Eurer Majestät zu bedenken, ob es schädlicher ist, eine derbe Komödie anzusehen oder verdiente Diener eines Fürsten um Amt und Existenz zu bringen." Zornig erstaunt stieß Friedrich heraus:

„Wen meinen Sie damit, Madame?"

„Die Wartenbergs, ihn und sie.“ Es war das erste Mal, daß sie sich so offen dem König gegenüber aussprach. Was ihr gerechter Sinn seit langem empfand, daß die Wartenbergs den König immer mehr von vielem fernhielten, um ihn besser beherrschen zu können, brach auf einmal als Anklage gegen diese Gefährlichen und Verantwortungslosen aus ihr heraus. Daß es nicht in ihrer Macht lag, den Einfluß dieser Menschen vom König zu nehmen, wußte sie. Aber er sollte wissen, wie sie dazu stand. Und sonderbar, das gute Gefühl für sie schien in dieser Stunde wenigstens die Oberhand zu haben. Vielleicht freute er sich seiner tapferen Königin … Das kleine, liebenswürdige Lächeln, das sie so gern an ihm sah, kam um seinen Mund, als er sich über ihre Hand beugte, um sie an die Lippen zu führen. Es war an diesem Nachmittag nicht von Trimalchio, allerdings auch nicht mehr von den Wartenbergs die Rede.

Die Pöllnitz

Nachdem der König sie verlassen hatte, ging Sophie Charlotte versonnen durch die Zimmer. Sie versuchte, sich wieder in die gewohnten und länger nicht gesehenen Räume einzufühlen, in die Stille und Weite der Gärten und Säle, die noch nicht vom großen Schwarm der Gäste aus Berlin und von fern gefüllt waren. Noch klangen ihr die Geigentöne der Feste aus Hannover im Ohr, der Kehrreim eines alten Tanzliedchens: „Der letzte Tag vom Karneval." Einmal hatte sie die Worte an Bothmer geschrieben, vor langen Jahren. Es fröstelte sie ein wenig. Die Zimmer waren noch nicht recht durchwärmt, sie sahen wie erstorben aus, da die Freunde, die Besucher fehlten. „Pöllnitz", rief sie lauter, als es sonst ihre Art war. Sie mußte eine altbekannte Stimme hören. Leben, Bewegung kam in sie, als die Getreue lächelnd herbeieilte. Sophie Charlotte stützte sich auf ihren Arm, sprach eifrig. Man würde eine Oper einstudieren, vielleicht Steffanis „Orlando generoso", den sie in Hannover gehört hatte. Denn leider – die Singspiele Ariostis, die sie entzückten, begeisterten, verlangten zuviel Szenerie und Personal. Daß sie auf den Künstler hatte verzichten müssen, blieb ihr ein ewiger Kummer. Wie wundervoll hatte er seine Werke in der Berliner Oper herausgebracht! Aber auf der Lützenburger Bühne war die Aufführung unmöglich. Der Markgraf von Ansbach hatte ihr einen Musiker versprochen. Gleich wollte sie schreiben, das Kommen des Künstlers beschleunigen. Die Regsamkeit, die sie zuzeiten wie ein Zwang im Bann hielt, war wieder in ihr, immer eigentlich, wenn sie aus Hannover kam.

„Liebe Freundin", sagte sie und drückte ihre Hand fester auf den Arm der viel größeren Hofdame, „daß Sie mir nicht wieder krank werden!" Eine schreckliche Sorge, die Furcht vor einer Krebserkrankung der Pöllnitz war aufgekommen, zum Glück nicht wahr geworden. „Sie sind für mich die lebende Brücke nach Hannover, der feine Seidenfaden, der von dort nach hier geht. Wenn der risse, was sollte aus mir werden!“ In ihrem Lächeln lagen Heiterkeit neben Resignation, diese überspielt von einem starken Wollen zur Lebensfreude. Die wundersame Vereinigung, eine glückhaft zu nennende Mischung aus welfischem, Pfälzer und Stuartschem Blut hatte die außerordentliche Vielseitigkeit ihres Wesens geschaffen. Fräulein von Pöllnitz beugte sich über die Hand der liebenswürdigsten Herrin. Das schöne Mädchen, gewandt und geistreich, künstlerisch begabt, hätte wohl längst Gelegenheit gehabt, ein eigenes Geschick zu erleben. Nie aber hätte sie sich von der Freundin getrennt. Vielleicht kannte niemand, außer Leibniz, die innerste Natur Sophie Charlottes so gut wie sie. Das Leben mit allen Sinnen zu erfassen, es anzufüllen mit Schönheit und Kunst, dabei das glühende und hartnäckige Verlangen, sich die höchsten Erkenntnisse der Wissenschaft und Philosophie zu eigen zu machen, war wohl nie in einer Frau vor ihr so verkörpert gewesen. Sie war eine Einmalige … Und diesem Wunder einer Begabung stand das Wunder eines Charakters zur Seite. Bei aller Leidenschaftlichkeit des Empfindens besaß sie das ruhige Betrachten aller Vorgänge in sich selbst und in ihrer Umwelt, hatte das Wissen um die Unzulänglichkeit alles Irdischen. Und vielleicht bewunderte die Pöllnitz am meisten an dieser Frau die Würde, mit der sie beiseite stand, da, wo man ihre Anwesenheit oder ihr Eingreifen nicht wünschte … Sophie Charlotte war in ihrem ruhelosen Wandern durch die Säle plötzlich stehengeblieben. Sie trat an eines der hohen Fenster, sah in den Abendschein hinaus. Das ist die Stunde, in der das menschliche Herz am tiefsten danach verlangt, ganz ausgefüllt zu sein.

Das Tragische ihres Geschicks war, daß der, den sie am meisten liebte, ihr Sohn, ihrer Gedankenwelt ganz fern stand, daß ihm Kunst, Wissenschaft nichts bedeuteten, daß er nur in der Wirklichkeit, in einer rauhen, nüchternen Männerwelt leben wollte. Würde mit ihr einst alles sterben, was sie an geistigen Gütern in dieses Land gebracht hatte? … Feine Nebel zogen über die Rasenflächen der Gärten, umhüllten Bäume und Sträucher, machten alles unwirklich. Die Königin fuhr mit der Hand über die Augen. „Musik", rief sie, es klang fast wie ein Schrei. Die Pöllnitz konnte ihr bei der flüchtenden Eile durch die Zimmer zum Musiksaal kaum folgen. Wie hatte Madame l'Electrice über ihre Tochter gesagt? Die Worte kamen der Hofdame in Erinnerung: „Den Stein, den sie nicht heben kann, läßt sie am Weg liegen." Als sie an der Schwelle des Musikzimmers standen, erblickte Fräulein von Pöllnitz die Markgräfin Karoline von Ansbach. Nun war die Königin gut aufgehoben, die Musik würde sie ganz beschäftigen. Sie ging langsamen Schrittes in den Bibliothekssaal zurück, den der König kürzlich nach dem Muster des Büchersaales im Schloß Malchow hatte einrichten lassen, das er seinem Halbbruder zum Geschenk gemacht hatte. Wie großmütig er gegen seine Familie, gegen die Königin war! Kaum eine Woche verging, in der nicht ein Geschenk von ihm nach Lützenburg kam. Vasen für das Schloß oder den Park, ein goldenes Tischchen mit echt goldenem Kaffeegeschirr, kostbare Leuchter, reiche Tapeten, chinesisches und japanisches Porzellan. Sie nahm ein Buch aus den Reihen. Da hatte sie durch Zufall die Gedichte des Oberhofmarschalls von Canitz in die Hand bekommen. Man sah ihn kaum noch bei Hof, seit dem Tod der geliebten Frau. Wie lustig war damals die Reise nach Hannover gewesen, als Canitz und die anmutige Doris die Kurfürstin begleitet hatten. Damals hatte man auch den Kronprinzen nach Hannover mitgenommen. Es schien ihr, die das Buch, ohne darin zu lesen, lässig in der Hand hielt, als sei aller Sonnenschein von früher verschwunden, als sei die Welt düster geworden. War daran allein der unselige Krieg schuld? Alles, was so gut begonnen hatte, schien sich in Finsteres, Bedrückendes zu wandeln. Empfand das die Königin nicht auch, fürchtete sie ein Unheil heraufkommen? Die Wartenberg-Affäre berührte die Königin kaum mehr. Sie hielt sich fern von Berlin und nach Lützenburg kam die Gräfin nicht mehr. Sie mit Höflichkeit zu besiegen, wie es die kluge Mutter in Hannover geraten hatte, hatte die Königin aufgegeben …

Durch die offengebliebene Tür, von der auch die Seidenportiere zurückgeschlagen war, kam das Sprechen der fürstlichen Damen. In der lautlosen Stille der Umwelt war es unvermeidlich, daß Bruchstücke der Unterhaltung zu Fräulein von

Pöllnitz drangen. Jetzt hörte sie die schöne Prinzessin leise weinen. Auch da Leid, wo man es nicht erwartete. Man erzählte sich bei Hof, daß die Prinzessin einen Heiratsantrag des Königs von Spanien erhalten habe. Hätte sie ihn angenommen, dann wäre sie in ein Märchenland gekommen. Der König war jung wie sie. Sie wäre reich und mächtig geworden. Aber sie hätte ihre Religion ändern müssen. Eben jener Karl, um den der Erbfolgestreit ging, der zweite Sohn Kaiser Leopolds, hatte sich in sie verliebt.

Die Pöllnitz hörte die warme, tröstende Stimme der Königin. Wie anerkennenswert es sei, um seiner Überzeugung willen auf Glanz und irdisches Glück und irdische Güter zu verzichten. „Ich hatte ihn gern“, sagte die schöne Ansbacherin mit leiser Stimme. Die Königin dachte wohl an die Pläne von Madame l'Electrice, die das schöne Mädchen für ihren Sohn in Hannover in Aussicht behalten hatte. Ein leises Lächeln ging um Sophie Charlottes Mund. Ob ihr eigener Sohn von diesem ungewissen Plan gehört und dies seine Abneigung gegen den Vetter Georg, mit dem er zeitweise erzogen worden war, noch mehr vertieft hatte?

Die Stimmen im Nebenzimmer schwiegen. Musik klang herüber. Wie schön das war! Es schien der Lauscherin, als sei mehr Seele in dem Spiel der Prinzessin, ein Ausdruck, der sonst gefehlt hatte. Plötzlich brach die Melodie ab. Die Pöllnitz hörte leises Weinen.

„Das nicht, das nicht", bat eine in Tränen erstickte Stimme. „Ich habe ihn so oft zu diesem Lied begleitet."

„Arme, Liebe", sagte Sophie Charlotte, „die Musik tröstet wohl, aber sie reißt auch Wunden auf. Sprechen Sie von ihm! Es ist besser, als alles in sich zu verschließen."

„Ich wäre wohl sehr unglücklich geworden", kam die Stimme der Ansbacherin. „Ich hätte eine andere Religion annehmen und in ein Land gehen müssen, wo man zur größeren Ehre Gottes Menschen verbrennt, martert und tötet. Das hätte ich nicht ertragen. Auch für ihn, für Karl, war es schwer. Sein Vater, der Kaiser, hatte ihn fast ohne Geld in das fremde Land ziehen lassen. Hätte ihm die Königin Anna von England nicht beigestanden, er wäre als ein armer Mann in sein Königreich gekommen. Er habe nicht einmal genügend Kleider besessen, hat man mir erzählt. Und als er kaum den Fuß in sein Land gesetzt hatte, machte man es ihm streitig."

„Es klingt wie ein trauriges Märchen", sagte die Königin.

„Der König von Frankreich beanspruchte die Krone Spaniens für seinen Enkel", fuhr die Prinzessin in ihrer Erzählung fast eintönig fort.

„Und um diesen Zankapfel streitet sich jetzt ganz Europa", ergänzte bitter Sophie Charlotte. „Bis die Frage entschieden ist, verbluten Tausende junger, tapferer Soldaten, wird der Wohlstand der Länder vernichtet."

„Sagen Sie mir, liebe Freundin", rief plötzlich leidenschaftlich die Ansbacherin, „tat ich Unrecht, ihn zu verlassen? Hätte ich dem Erzherzog folgen sollen, trotz allem?" Er ist für sie immer noch der junge Erzherzog, dachte die Pöllnitz gerührt. Sie hörte ein Rauschen von seidenen Röcken. War die Prinzessin der Königin zu Füßen gefallen?

„Stehen Sie auf, Liebe", sagte diese jetzt beruhigend. „Versuchen Sie, Vergangenes zu vergessen, wir alle müssen dies, wir alle", schloß sie betont. Dann hob sie erneut an: „Es werden bessere Tage kommen, auch für Sie, Liebe. Sie sind jung und anmutig.“ Der Pöllnitz liefen dicke Tränen über das Gesicht. Wie warm die Stimme der geliebten Herrin war.

Höchstädt

Am 13. August 1704 fand eine zweite Schlacht bei Höchstädt statt. Der Prinz Eugen und der Herzog von Marlborough, als Feldherren der Verbündeten, schlugen das vereinigte bayrisch-französische Heer. Zwanzigtausend Franzosen und Bayern blieben auf dem Schlachtfeld, fünfzehntausend wurden gefangen genommen. Der Kurfürst von Bayern mußte mit den Franzosen sein Land verlassen und über den Rhein zurückgehen. Er wurde mit der Reichsacht belegt und sein Land zerstückelt, das zum Teil an Österreich fiel.

Der König wurde in Lützenburg erwartet. Er war viel auf der Jagd und lange nicht draußen gewesen. Er wechselte zwischen Potsdam und Oranienburg, und fast immer war der Kronprinz in seiner Begleitung. Heute aber kam er wohl bestimmt. Am Abend sollte Kartenspiel sein. Die Königin kannte den Grund der langen Abwesenheit Friedrichs, aber sie änderte ihn nicht. Der König war ein Frühaufsteher, sie dagegen machte die Nacht zum Tag, hatte oft bis zum frühen Morgen noch Gäste oder wenigstens ihren Hofstaat um sich. Dann schlief man natürlich lang in den Tag hinein. Es ging das Scherzwort um: Der König begann seinen Tag, wenn die Königin vom Abendessen aufstand. Aber es war ein gefährliches Scherzwort. Die Gatten wurden durch diese völlig unvereinbare Tageseinteilung voneinander entfernt, getrennt. Auch war der König, der das Ungesunde dieser Lebensführung sah, sehr verärgert darüber. Er verstand es nicht, daß sie sich nicht seinen Wünschen fügte, weniger noch, daß diese Lebensform ihr ein Bedürfnis geworden war. Dann kam zu Zeiten ein starkes Verlangen, sie wiederzusehen, über ihn, und auch Sophie Charlotte freute sich ehrlich, wenn er wieder nach Lützenburg kam.

Die Abendtafel war vorbei. Madame l'Electrice war auch wieder zu Besuch, was den König diesmal nicht besonders erfreute. Sie war zu oft da! Man hatte sich zum Spiel begeben. Da wurde dem König ein Kurier gemeldet. Es war einer der Edelleute des Herzogs von Hessen. Er brachte die Nachricht vom Sieg bei Höchstädt. Man saß im Tressenzimmer beim Kartenspiel, als der junge Kapitän fast hereinplatzte, vom Wunsch getrieben, die gute Botschaft so schnell wie möglich zu bringen. Er stand in militärischer Haltung, den Hut mit der Rechten vorgestreckt, und berichtete mit sich überstürzenden Worten. Die Franzosen auf der Flucht, alle Bagage und Kanonen genommen. Achtzig Bataillone Kriegsgefangene habe man gemacht. Und der Führer, der junge Herzog Leopold von Dessau … unter Prinz Eugen. Den Namen Leopolds hatte er hinausgeschmettert, der junge Mensch, in Begeisterung für den jugendlichen Heerführer. Daß Prinz Eugen wieder den Hauptruhm davontrug, der dem Dessauer gebührte! „Maxel", rief die Königin. Ihre Lippen zitterten, und ihr Gesicht war blaß. Ihr Bruder, Max Wilhelm, hatte mit den braunschweigischen Truppen an den Kämpfen teilgenommen. Sollte sie ihn auch verlieren, wie die beiden anderen Brüder? Von denen war der eine in Spanien ertrunken, der andere, kaum zwanzigjährig, vor Jahren in den Kämpfen gegen den französischen König gefallen. Sie blickte zur Mutter. Deren Gesicht war fahl, die Augen im Entsetzen geweitet. Aber die Haltung verlor sie nicht. Gefühl zu zeigen, war nicht guter Ton. Und doch ist sie die zärtlichste Mutter. Nur in den Nächten, wenn niemand sie sah, weinte sie herzbrechend um die verlorenen Kinder. Einmal hatte die Tochter sie so gesehen und liebevoll in die Arme genommen. Aber die Angst war diesmal zum Glück unnötig. Der junge Offizier wußte, daß dem Herzog Max Wilhelm nichts geschehen war. Der König hatte ihn neben sich gewinkt, mit halber Stimme Fragen an ihn gestellt. Er schien erschüttert von dem Gehörten. Nicht nur auf feindlicher Seite, auch bei den brandenburgisch-braunschweigischen Truppen größte Verluste. General von Natzmer, Kammerherr von Blumenthal, eine lange Reihe von tüchtigen Offizieren, getötet, verwundet!

„Es scheint, daß die Belagerung von Kaiserswerth erneut beginnt", sagte der König. „Kanonen und Munition sind hingeschafft worden. Es wäre Zeit, daß wir einmal endgültig diesen Platz erringen, damit endlich Ruhe vor den Franzosen auf diesem Rheinufer ist." Die Karten lagen vergessen auf den Tischen. Die Wachskerzen warfen ihr Licht aus den Spiegeln, die in rotseidene, mit Silbertressen verzierte Wandflächen eingelassen waren. Fast drohend stand dieser blutrote Schein als Hintergrund der Erzählung des Sendboten. Diesen wollte ein leichtes Grauen erfassen. War es die Übermüdung von dem Ritt, die vielen Fragen, die ihn wieder in die Schrecken des Schlachtfeldes versetzten? Ihm schienen alle diese geschminkten oder fahlen Gesichter wie die von Gespenstern, die in einer besonderen, kalten, von jeder Wirklichkeit fernen Welt ein Schattendasein führten …

Der König war aufgestanden. Er sagte dem jungen Mann freundliche Worte. Wieder stand dieser in militärischer Haltung, als alle ringsum sich tief verneigten. Er fühlte einen leichten Fächerschlag, sah die Augen der Königin freundlich auf sich ruhen. „Wir haben unserem Gast nicht einmal einen Trunk angeboten", sagte sie zu einer neben ihr stehenden schönen und lächelnden Dame. Es klang vorwurfsvoll, als ob die schöne Hofdame daran schuld sei. „Sorgen Sie dafür, Pöllnitz. – Ich danke Ihnen, Kapitän." Er sah ihr nach, als sie sich wendete. Er hatte von ihrem Geist, von ihrer glänzenden Unterhaltungsgabe gehört, und jetzt war das einzige, was sie sprach, ein Wort der Fürsorglichkeit. Daß er etwas zu trinken bekam! Er mußte lächeln. Er folgte der anmutigen Hofdame und merkte jetzt erst, daß ihm die Kehle brannte vom Staub der Straßen und vom vielen Reden.

Hochzeit in Lützenburg

Als die gelben und roten Blätter in den Gärten von den Bäumen fielen, sollte in Lützenburg Hochzeit stattfinden. Keine große Feier, wie sie die Prunksäle und Galerien des Schlosses bei anderen Gelegenheiten gesehen hatten. Denn der König würde fehlen, und man mußte diskret vorgehen, um ihn, der diese Heirat ungern sah, nicht unnötig zu verletzen. Ihre Majestät, die Protektorin des jungen Paares, würde in ihrer Klugheit und Güte schon den rechten Weg finden! Denn es würde eine Feier sein, die zwei Liebende an das ersehnte Ziel brachte. Und welches Frauenherz konnte dem Anblick einer wahren Liebe gleichgültig gegenüber bleiben! Sophie Charlotte gewiß nicht!

Albrecht und Dorothee vermißten nicht die rauschenden Feste, die sonst nach der Sitte der Zeit einer fürstlichen Heirat schon tagelang vorausgingen, entbehrten nicht die bunte Menge der Geladenen, die die Säle sonst gefüllt hätte. Sie fühlten nur zutiefst das Glück ihrer baldigen Vereinigung.

Für Albrecht würde die Abwesenheit seines Bruders bei dem schönsten Fest seines Lebens schmerzlich sein. Und es war peinlich, daß die Mutter der Braut gleichfalls fehlte. Albrecht war der guten Königin dankbar, daß sie ihm und Dorothee die Hochzeit ausrichtete. Dann mußte er lachen, dachte er über diesen bürgerlichen Ausdruck nach. Wo, in aller Welt aber, hätte er sonst seine Liebste heiraten sollen! Ein paar Waisenkinder, wie sie waren! Denn die neue Markgräfin von Bayreuth zählte man doch nicht mit.

Ihre Majestät war die ganzen Tage über, die der Hochzeit vorangingen, in quirliger Bewegung, und Mademoiselle de Pöllnitz mußte mittun. Etwas Festliches vorzubereiten, zu überlegen, wie man alles in der schönsten Form und dabei mit Diskretion gestalten könne, erforderte Nachdenken, gab aber den beiden Damen, der Fürstin und ihrem

Hoffräulein, hohe Befriedigung. Die Warmherzigkeit Sophie Charlottes war im Grunde ausschlaggebend für ihr Tun. Ihre ausgesprochene Vorliebe für die kleine Dorothee und ihren jungen Schwager bildete die Triebfeder. Doch die hübschen Arabesken, die man darum winden konnte, das künstlerische Beiwerk, verschaffte Reize, die man schätzte und nicht entbehren mochte!

Das junge Paar, dem Dank der Nachsicht seitens der Königin, nun zwei Tage vor der Hochzeit, bei seinen Spaziergängen im Garten die vorgeschriebene Anstands- und Aufsichtsdame erlassen war, machte von dieser süßen Freiheit Gebrauch und schlenderte in glücklicher Sorglosigkeit durch die herbstlich bunten Gärten von Lützenburg. Fast schien es, als wollten Himmel und Sonne ihnen Ersatz für das mangelnde Wohlwollen Seiner Majestät spenden, durch einen Nachsommer von ungewöhnlicher Milde und Schönheit. Auf allen Beeten standen Herbstblumen, leuchtend im Farbenrausch. Falter genossen noch die letzten Tage ihres Daseins, taumelnd über dieser Pracht.

Albrecht und Dorothee hatten ihren Lieblingsplatz aufgesucht, die Bank unter der alten Linde, wo sie vor Monaten in jener Festnacht Abschied genommen hatten, ohne Hoffnung auf ein Wiedersehen. Und nun hatte Gott ihnen doch das Glück beschert! In kindlicher Dankbarkeit, mit schlichten, aus tiefem Herzen kommenden Worten, sagte die kleine Dorothee dies leise dem Verlobten. Es klang wie ein Gebet. Albrecht, der vom Leben Verwöhnte, Leichtherzige, Selbstsichere, zog in Verehrung, ja fast in Demut die Hand der Geliebten an seine Lippen. Lange schwiegen beide. Dann erzählte er ihr von dem neuen Heim, dem Gut auf märkischer Scholle, das er der Gnade des Königs verdankte, der zwar nicht zu seiner Hochzeit kommen wollte, aber sonst brüderlich für ihn gesorgt hatte. Er beschrieb ihr ein langgestrecktes, einstöckiges Herrenhaus mit hohem Mansardendach, eine breite Terrasse mit Steinbalustrade, rechts und links von den Stufen, die zum Garten führten. Große Vasen, aus denen Blumen sich in farbigen Kaskaden stürzten. Hohe Linden begrenzten ein Rasenstück, waren zugleich die Kulisse, die den Wirtschaftshof dahinter verdeckte.

„Obgleich das eigentlich jammerschade ist", rief er lebhaft, ganz hingerissen von seiner eigenen Beschreibung. „Es ist alles in bestem Zustand, die Ställe, die Scheunen, der Hühnerhof!“ Als er das letzte Wort gesagt hatte, richtete sich Dorothee mit lebhaftem Interesse auf.

„Einen Hühnerhof werde ich haben, einen, der mir allein gehört und über den ich ganz allein etwas zu sagen habe?“ Er lachte, sah sie fröhlich an. So hatte er sie noch nie gesehen. Der Ernst, die leise Schwermut, die oft über ihr lagen, waren wie ausgelöscht über diesem Ausdruck kindlicher Freude.

„Beglücken dich die Hühner so sehr?“ fragte er neckend. Sie nahm seine Hand. „Nicht die Hühner allein, obgleich die mit dazugehören. Aber daß ich nun eine Heimat habe, daß du mir dieses Zuhause bietest, einen Ort, wo ich sein kann, wie ich bin, mich mit Dingen beschäftigen werde, die mir Freude machen!“ Er sah, sie suchte nach Worten, ihm ihr Glück vorzustammeln. Der frühe Herbstabend kam herauf. Es war Zeit zurückzukehren. Er dachte an die Herbst- und Wintertage in dem Landhaus, am Kamin, allein mit der Geliebten oder im geselligen Kreis bei Musik und Plauderei. Frohe Wärme kam über ihn, dachte er daran. Gesunde

Arbeit des Landwirts würde den Tag ausfüllen, dem diese Abende folgen sollten …

Vielleicht war sich der junge Markgraf Albrecht nicht bewußt, daß er die innere Wandlung ihr verdankte, die neben ihm ging. Oder fühlte er es doch zutiefst, daß sie aus dem Leichtsinnigen, dem mit dem Leben Spielenden, einen Mann gemacht hatte, der die Verantwortlichkeit für übernommene Pflichten willig und freudig auf sich nahm.

Die kleine Feier, die Ihre Majestät dem jungen Paar zu geben nicht unterlassen konnte, war, wie alle Feste in Lützenburg, aufs beste verlaufen. Die Pöllnitz hatte sich bemüht, ihrem früheren Genossen beim Arrangement von Festen eine schöne Erinnerung als Hochzeitsgabe zu verehren. Das Ballett, am Vorabend der Vermählung, war mit bezaubernder Anmut von denselben Damen getanzt worden, die beim Geburtstagsfest des Königs mitgewirkt hatten. Auf Apoll mit seinem Gefolge von Musen verzichtete man, da Euterpe und Erato fehlen mußten. Statt Cupido, der ja schon seine Pfeile geschossen und so gut getroffen hatte, trat Hymen* in Person auf. In den Versen, die er voll Würde von sich gab, sprach er seine Befriedigung aus, auch einmal an diesen Hof geladen zu sein, den sonst die Musen und Grazien allein gepachtet zu haben sich erkühnten! Hymen, hinter dessen geschickt drapierten Schleiern man Mademoiselle de Pöllnitz zu suchen glaubte, doch bei dem tiefen Ton der Stimme sich wieder zu irren meinte, fand großen Beifall. Ein herzliches Lachen der Königin gab das Signal für die Gesellschaft einzustimmen, und die Heiterkeit wurde zwangloser, da des Königs Anwesenheit sie nicht dämpfte. Der Kreis begann sich aufzulösen. Plaudern und Lachen klang zwischen den Reihen auf. Die Königin umarmte das junge Paar. Dann schob sie ihren Arm in den der Prinzessin Dorothee und entführte sie auf die Terrasse, um mit ihr einen kleinen, vertraulichen Spaziergang unter dem Sternenhimmel zu machen. Albrecht aber fühlte seinen Arm ergriffen von seiner Frau Schwägerin, die eigens von Schwedt herüberge-

* Hymen, der griechische Hochzeitsgott.

kommen war, um an seinem Hochzeitstag nicht zu fehlen. Und während jetzt die Königin mit der Braut den Lindengang rechts hinaufschritt, ging das andere Paar in den Baumgang nach links.

„Du brauchst mir nicht zu danken, daß ich hier bin“, sagte die junge Schwedterin. Sie vergaß es manchmal, daß man sich im Umkreis des Königs mit „Sie“ anzureden hatte. „Es war ganz selbstverständlich, daß ich kam. Ich lasse mir nichts befehlen, wenn mein Herz anders will. Auch Philipp wäre gern hier, nur darf er dem König nicht entgegenhandeln.“ Sie lachte und sah dabei sehr lieblich und trotzig aus. „Wir Frauenzimmer gelten bei Seiner Majestät nicht sehr viel, da schweigt er wohl darüber, daß ich hier bin.“

Albrecht legte den Arm um das reizende Persönchen. „Du“, neckte sie, „nimm dich in acht, deine Dorothee könnte eifersüchtig werden.“

„Jetzt nicht mehr“, sagte er ernsthaft.

Marlborough, der englische Befehlshaber

Nach einem Kuperstich von M. Bernigeroth

Marlborough

Der Herr Herzog von Marlborough war nach Berlin gekommen und vom König mit der allergrößten Zuvorkommenheit begrüßt worden. Dafür gab es verschiedene Gründe. Die rücksichtslose Eroberungspolitik Karl des Zwölften von Schweden bedrohte die preußischen Grenzen, war Friedrich eine Sorge und ein Ärgernis. Man konnte nie wissen, wohin sich der Ehrgeiz Karls noch verstieg. Es war mithin notwendig geworden, Brandenburg-Preußens Verbindung mit den Seemächten, England und Holland, enger zu knüpfen. Daß dies nicht ohne weitgehende Zugeständnisse von Friedrichs Seite geschehen konnte, wußte dieser. Er kannte auch die Eigenschaften des großen Marlborough, dessen Habgier, auch seine diplomatische

Gewandtheit. Marlborough für Friedrichs Absichten zu gewinnen hieß England als Verbündeten besitzen. Denn der Herzog herrschte über die Königin Anna, durch die Herzogin, seine Gemahlin. So wurde denn am Berliner Hof der Vertrag geschlossen, nach dem England eine Garantie für die Sicherheit Preußens übernahm, Friedrich hingegen den Seemächten achttausend Mann für den italienischen Kriegsschauplatz zu stellen hatte. Der junge Fürst Leopold von Anhalt-Dessau war zum Führer des Hilfskorps ausersehen. Feste auf Feste wurden dem berühmten englischen Heerführer gegeben. Seine persönliche Liebenswürdigkeit entzückte die Königin. Er selbst war höchst befriedigt von seinem Besuch und über die Geschenke, die der König ihm in großmütiger Freigiebigkeit machte. Opern, Balletts, Schauspiele, Maskeraden folgten einander, und nur der Novembernebel, der über den Gärten von Lützenburg lag, verhinderte die Veranstaltung von Gartenfesten. Sophie Charlotte empfand das traurige Herbstwetter mehr als sonst.

Der Hals schmerzte sie jetzt öfter und dann, wenn der englische Heerführer ging, war auch der Tag der Abreise Friedrich Wilhelms nahe.

Die Abreise

Die Königin war tagelang in Berlin gewesen. Sie wollte die letzte Zeit, ehe ihr Sohn seine lange Reise nach Holland und England antrat, soviel wie möglich mit ihm zusammensein. Das, was sie selbst gewünscht, mit allen Mitteln unter dem klugen Beistand ihrer Mutter durchgesetzt hatte, verursachte ihr jetzt einen Schmerz, auf den ihr festes Herz nicht vorbereitet war. Wie stark ihre Liebe zu dem einzigen Kind war, empfand sie zutiefst in diesen Abschiedstagen. Auch Friedrich Wilhelm war zugänglicher als sonst. Die Aussicht, Neues kennenzulernen, neue Menschen, andere Länder, auch größere Bewegungsfreiheit zu haben, machte ihn weicher, liebenswürdiger. Daß der König Heiratspläne, die um den Sohn gingen, vor ihr verbarg, wußte sie. Ihr behagte eine Verbindung mit einer der oranischen Prinzessinnen nicht, schon um einer vorhandenen, ränkesüchtigen Schwiegermutter willen. Die Neigung des Königs zu dem Heimatland seiner Mutter war groß. Dohna würde den Kronprinzen nicht begleiten. Dohna, der sich grollend zurückgezogen hatte. „Das Leben, das mein Sohn hier in Berlin führt, erfüllt mich mit Mitleid", hatte Sophie Charlotte an den Vertrauten Bothmer nach Den Haag geschrieben, aber an diesem Dezembertag, als sie den Sohn zum letzten Mal in ihren Armen hielt, bedurfte sie ihrer ganzen inneren Stärke, um nicht in fassungsloses Weinen auszubrechen.

Der Winter hatte besonders streng begonnen. Die Königin fröstelte in ihrem pelzgefütterten Mantel, als sie sich vom Balkon beugte, um noch den letzten Anblick ihres Sohnes zu haben, während er den Reisewagen bestieg. Aber er sah nicht hinauf, wußte wohl nicht, daß die Mutter dort stand. Die Blicke der Jugend gehen vorwärts, nicht zurück, dachte die Königin und lächelte ein wenig traurig. Sie sah zum Himmel auf, der dicht bewölkt war und mit Schnee drohte. Sie schritt ins Zimmer zurück. „Das gute Wetter und die gute Gesellschaft haben uns zusammen verlassen“, sagte sie. „Ich will heute noch nach Lützenburg zurück.“ Sonderbar, kam es der Hofdame in den Sinn, daß sie nie sagte: nach Hause, wenn sie von Berlin oder Lützenburg sprach. Zuhause war für Sophie Charlotte nur Hannover …

Ihr Blick ging über die Pracht der Gemächer und Säle des Berliner Schlosses. Der König hatte es wahrlich verstanden, einen edlen und großen Rahmen um sich zu schaffen. Nie irrte sein feiner Geschmack in Übertreibungen, das mußte sie ihm zubilligen. Aber es war ihr alles fremd. Hier ging die Gräfin Wartenberg aus und ein, als sei es ihr Recht. Sie wohnte wohl zeitweise in den Zimmern, die dem Grafen als Diensträume zugewiesen waren. Hier war nicht ihr, der Königin, Platz!

Als sie mit der Pöllnitz im Wagen saß, um nach Lützenburg zurückzufahren, sprach sie immer wieder von ihrem Sohn und wie es gut für ihn sei, daß seine arg vernachläßigte Erziehung nun gründlich verbessert würde, vor allem seine Manieren. Den Haag war ja die große Schule, immer noch, um junge Leute zu bilden. Die Pöllnitz schwieg. Sie wollte den Optimismus der Königin nicht antasten. So, wie sie Seine Königliche Hoheit kannte, würde er wohl genauso rauhen Wesens wiederkehren, wie er gegangen war. Der Wagen schaukelte so einschläfernd, die alten Kiefern und Eichen am Weg knarrten im Winterwind, der ihre Äste zauste.

Die Königin schwieg schon lange. Sie sieht müde und traurig aus, dachte die Pöllnitz besorgt, gar nicht wie sonst, wenn der starke Lebenswille dieser Frau alles Niederdrückende überwand.

Sophie Charlotte ließ den schweren Pelzmantel in den Armen der Pöllnitz, schritt, ohne sich umzusehen, in ihr Arbeitszimmer. Das war das Zeichen, daß sie allein zu sein wünschte. Sie setzte sich vor ihren Schreibtisch und griff zur Feder. Sollte sie an Freund Bothmer oder Leibniz schreiben? Wie manches Mal, wenn sie bedrückt oder gequält durch eine Sache war, die sich nicht abtun ließ, hatte das briefliche Plaudern mit einem Freund ihr das Gemüt erleichtert. Aber heute konnte sie es nicht. Warum nur nahm sie diesen Abschied so schwer? Sie würde ihren Sohn wiedersehen ... ja, würde sie das? Ihr Verstand, der ihre Gefühle ordnete, stellte diese Frage. Dunkel wie nie schien ihr das Zukünftige. Sie ergriff einen Bogen Papier, begann, ein großes Herz in seinen Umrissen darauf zu zeichnen. Sie sah lange in den leeren Raum, der innerhalb der Linie auf dem weißen Papier entstanden war. Dann schrieb sie langsam, mitten in das Herz hinein: „Er ist fort.“*

Ihr Kopf sank einen Augenblick über das Blatt, dann schob sie es zur Seite, stand auf.

Sie ging zum Fenster, sah in den winterlichen Garten. Zwischen den Bäumen der Allee verglühte der Tag. In den hohen Gemächern des Erdgeschosses begann die Dämmerung in den Ecken zu spinnen. Die Königin schritt langsam, wie im Traum, über das Parkett, betrat den großen vieleckigen Saal, in dem die kostbare Porzellansammlung, das Geschenk der holländischen Kaufmannschaft aufgestellt war. An den Wänden glänzten bläulichweiß die Porzellanvasen und -teller, auf goldenen Konsolen standen chinesische Pagoden. Mit welcher Freude hatte sie alles vor Jahren eingerichtet und aufgestellt. Ihr künstlerisches Auge, auch Besitzfreude, hatte sich an dem Anblick ergötzt. Sie ver-

* Wörtlich war in das Herz geschrieben: „Est parti“.

stand das kaum in diesem Augenblick. Seit ihr Sohn gegangen war, schien ihr das alles ohne Bedeutung. Oder war es überhaupt ohne Wichtigkeit? Kam es nicht in Wahrheit einzig darauf an, was man an geistigen Werten in sich aufgenommen und verbreitet hatte? Wenn sie von dieser Erde ging, würde man sie vielleicht vergessen, und anderen galt als Erfolg, wozu sie den Grund gelegt hatte. Mochte es so sein! Von ihr blieb dennoch, was sie geschaffen hatte, wenn auch ihr Name dabei nicht genannt wurde. Man löste sich wohl leicht vom Irdischen …

Fast gleichgültig blickte sie um sich. Sie ging in den nächsten Raum, sah die Gobelins mit den Schauspielerszenen. Dort waren die Werke anderer Künstler von Ruf, in dem nächsten Raum Malereien von Schonjans. Sie entsann sich noch der Mühen, die sie gehabt hatte, den Eigenwilligen nach Lützenburg zu bringen!

Da war das Bild ihres Sohnes, das er gemalt hatte. Schön und kindlich als David, mit der Schleuder in der Hand. Sie blieb davor stehen. Was bedeutete ihr jetzt alles, seit er gegangen war! Mit welcher Freude hatte sie sich einst dies, was sie hier umgab, geschaffen! Freilich mit der Freude eines auf das Gedankliche eingestellten Menschen. Denn alle Schönheit, die die edlen Künste dem Menschen schenken, ist nur der Weg zu einem anderen, ferneren Dasein, wo das Wahre und das Schöne eins sein werden. Und dieser höchste Gedanke, der über die Erde hinwegtrug, war Gott!

Wir haben keinen anderen Namen für das Unbegreifliche, Ewige, Unerkennbare …

Sophie Charlotte ließ sich auf einem der seidenüberzogenen Diwans in der Fensternische nieder. In ihr Erinnern kam der Tag, Jahre zurückliegend, als sie, jung und bei voller Gesundheit, ihren letzten Willen aufgesetzt hatte. Was war der Grund gewesen:

Gespräche mit Leibniz, mit Canitz über die letzten Dinge … Und heute? Weshalb dachte sie heute daran?

Der Winterabend war sonderbar mild. Darum hatte sie auch die Türen zum Garten nicht geschlossen. Jetzt aber spürte sie doch ein Frieren. Es war wohl ein wenig leichtsinnig bei dem Halsschmerz, den sie wieder fühlte, sich so lange der Winterluft auszusetzen, besonders so kurz vor ihrer Reise nach Hannover.

Hannover

Feine Nebel zogen über die Rasenflächen der Gärten, als die Reisekutsche, die die Königin nach Hannover brachte, Schloß Lützenburg verließ.

Die Hofdame Pöllnitz und Frau von Bülow, die Oberhofmeisterin, begleiteten sie. Es war noch früh an diesem Wintertag. Der Rauhreif lag über den Bäumen und den Dächern der kleinen Häuser des Dorfes, an denen sie vorüberkamen. Die beiden Hofdamen plauderten schon von Hannover und vom Fest des Kammerherrn von Reden, das dieser zu Ehren der Königin geben, und das sie bald nach ihrer Ankunft besuchen würden. Sophie Charlotte hatte den Kopf gewendet, als der Wagen den Schloßhof verließ.

„Wann komme ich wohl wieder?“ fragte sie halblaut.

Abschiedsgefühle waren sonst nicht ihre Sache, wenn es nach Hannover ging. Ihre Hand fuhr zum Hals. Der lästige Schmerz war immer noch da. Aber er sollte sie nicht hindern, alle Feste und Freuden von Hannover mitzumachen. Dort gab es gute Ärzte, diese würden das Übel bald wegbringen.

Die Pöllnitz fing an, vom Besuch des Herzogs von Marlborough in Berlin zu erzählen.

„Seine Herrlichkeit hat am Hof allen geschmeichelt. Vom Diener bis zum Herrn. Seine Majestät hat ihm eine Hutnadel für siebzehntausend Taler geschenkt und herrliche Pferde aus dem Marstall. Seine Herrlichkeit ist sehr empfänglich für Geschenke“, schloß Fräulein von Pöllnitz ein wenig boshaft.

„Er ist der liebenswürdigste Engländer, den ich kenne. Mr. Raby könnte von ihm lernen“, sagte die Königin. „Durch seine Höflichkeit hat er erreicht, was er wollte. Daß wir unser Heil von England erhoffen, ist schon sonderbar. Die Holländer tun nichts für uns. Auch die oranische Erbschaft ist für den König wenig günstig ausgefallen." Sie beendete mit einer Handbewegung dieses Gespräch.

„Ah, meine Lieben, lassen Sie uns von Hannover plaudern und nicht von Berlin. Seit mein Sohn fort ist, ist mir dort und auch in Lützenburg alles leer geworden! Und doch bin ich froh für ihn. Er wird als ein anderer von seinen Reisen wiederkommen", ihre Augen leuchteten auf, „liebenswürdig, wohlerzogen, erfüllt von Interesse für die schönen Seiten des Lebens."

Die beiden Damen schwiegen. Wie wenig kannte die liebe Königin ihren Sohn! Oder wollte sie ihn so sehen?

„Ich selbst", fuhr Sophie Charlotte fort, „werde im Parkett sitzen und dem Spiel zusehen. Ich lasse die anderen Komödie spielen. Wie stets in Lützenburg?" – Trotz ihrer Abwehr gingen ihre Gedanken doch dorthin. Sie durchlebte noch einmal die gestrige Abendstunde, als sie allein durch ihre Zimmer gegangen war. Das war also wieder ein Abschluß. Bestand das Leben aus solchen Episoden? War sie selbst nur etwas Vorübergleitendes? Was hatte es im Grunde viel genutzt, daß sie sich gemüht hatte, Wissenschaft, Künste, Verfeinerung in dieses Land zu bringen? Würde das alles nicht einmal mit ihr versinken? Aber sie war nicht umsonst Schülerin von Leibniz. Kennerin der Geschichte. Sie wußte von einzelnen, die auf vorgeschobenen Posten standen, scheinbar zwecklos … Doch dann nahmen, vielleicht erst nach Generationen, andere das auf, was sie liegenlassen mußten, wenn ihre Zeit abgelaufen war.

Ihre Begleiterinnen hatten die Herrin nicht in ihren Gedanken gestört. Sie waren es so gewöhnt. Auf heitere Plaudereien folgte bei Sophie Charlotte oft das Sichversenken in schweigsame Versonnenheit. Immer noch waren sie im märkischen Sand, immer noch standen Kiefern am Weg, zwischen denen manchmal ein blauer Seespiegel hervorsah. Bald kam der erste Pferdewechsel, spät abends das Nachtquartier und dann Hannover … Hannover!

Als die Königin in Hannover die Reisekutsche verließ, hatte sich ihr Zustand verschlimmert. Der Hals war geschwollen und schmerzte sehr. Madame l'Electrice war selbst leidend. Darum verbarg ihr die Tochter ihr Mißbefinden. Die guten Leute in Hannover hatten alles aufgeboten, durch Feste, Maskeraden, Bälle die Königin zu ehren, zu zerstreuen. Sollte sie sie enttäuschen? So ging Sophie Charlotte zu den Bällen und Maskeraden, auch zu dem des Kammerherrn von Reden. Aber dann erkrankte sie zu sehr. In der Nacht wurde es schlimmer und schlimmer, und die Ärzte standen mit besorgten Mienen um ihr Lager. Sie sprachen von Gefahr. Die Königin nahm gelassen den Ausspruch hin. Vor allem, daß man Madame l'Electrice nicht erschreckte. Die Pöllnitz und Frau von Bülow wechselten sich in der Pflege ab. Sie weinten vor Sorge und Angst in den Vorzimmern und kamen mit heiterer Miene ans Bett der Königin. Aber sie sahen, daß die Königin sich auf ihr Ende vorbereitete. Sie schrieb einen Brief an den König, und zu der Pöllnitz, die nicht mehr fähig war, ihr Schluchzen zu verbergen, sagte die Kranke: „Ich habe dem König nur zu danken für alle Zuneigung, die er mir erwiesen hat. Aber Himmel, welches pompöse Leichenbegängnis wird er mir machen lassen!"

„Euer Majestät wird wieder gesund werden!"

„Meinen Sie, ich sei allein vom Tod ausgenommen? Ich fürchte ihn nicht."

Der Kurfürst, ihr Bruder, wurde gemeldet. Der sonst so Kalte war wie aufgelöst vor Schmerz. Er liebte die einzige Schwester sehr. Sie war es, die den Verzweifelten tröstete.

„Der Tod schreckt mich nicht", sagte sie auch ihm, „es ist schon zu lange, daß ich ihn als unvermeidlich betrachte."

Am Nachmittag kam der Pfarrer der französischen Kirche, La Bergerie, dem sie stets bei ihren häufigen Besuchen in Hannover viel Wohlwollen erwiesen hatte. Sie empfing ihn, trotz der zunehmenden Schmerzen, mit einem Lächeln. Er ließ sie merken, daß er gekommen sei, ihr in ihren letzten Stunden beizustehen. „Man erkennt seine Freunde in der Not", sagte Sophie Charlotte. „Sie bieten mir Ihre Dienste an, jetzt, wo ich nichts mehr für Sie tun kann. Ich danke Ihnen dafür." Als La Bergerie ihr Tröstendes sagte, entgegnete sie: „Seit zwanzig Jahren habe ich ernsthafte Studien über die Religion gemacht. Sie können mir nichts sagen, was ich nicht schon wüßte. Ich habe keine Zweifel mehr. Ich sterbe beruhigt."

Am Fußende ihres Bettes stand der Arzt, zu beiden Seiten der Kranken saßen der Geistliche und der Kurfürst, ihr Bruder. Er hielt ihre Hand, beide Männer sahen erschüttert dieses trotz aller Schmerzen gelassene Sterben. Wieder wollte sie, die ihr ganzes Leben lang so gern und so anmutig geplaudert hatte, noch sprechen. Doch der Arzt hob gebieterisch die Hand: „L'Estoq schilt", lächelten die Lippen noch, und: „Ich ersticke" ... Die Ärzte beugten sich über sie.

Das Zimmer verdunkelte sich, die Winternacht brach herein. Die Kerzen, die man brachte, sah die Sterbende nicht mehr ... Oder erblickte sie diese dennoch? Sah sie schon anderes Licht, jenseits der irdischen Bewußtseinsschwelle, oder suchte ihre schon halb vom Körper gelöste Seele noch einmal die Stätten auf, die sie am meisten geliebt hatte? ... Diese Gedanken gingen durch das vom Leid gesteigerte Empfinden der Pöllnitz. Sie hatte ihr Gesicht in die seidene Decke am Fußende gedrückt. Bemerkte es kaum, daß der Kurfürst weinend das Zimmer verließ. Auf seinem Stuhl saß Frau von

Bülow jetzt neben der Sterbenden. Denn immer schien noch ein Lebensfunke in ihr zu sein. Sie durfte nicht weinen. Man darf Sterbende nicht aufhalten …

Sophie Charlottes Seele schwebte durch die vertrauten Räume des Schlosses von Hannover. So sehr sie auch Herrenhausen, den bevorzugten Aufenthaltsort ihrer Mutter geliebt hatte, die Kinderheimat, wo sie mit den Brüdern gespielt, das erste Erwachen des Geistes und aller Sinne erfahren hatte, war ihr doch das Schloß an der Leine! Hier schien es ihr, als kehre sie zu ihrem Ursprung zurück. Als seien jene glänzenden Zeiten in Paris mit den unzähligen Festen, aller Buntheit, nichts gewesen als Träume, die ein anderer Mensch, nicht sie geträumt hatte. In allen Einzelheiten deutlich trat ihr jetzt nur die Kindheit, die Jugendzeit nahe, mit jeder einzelnen Gestalt, die sie belebt hatte. Feste im Schloß tauchten aus dem Vergangenen auf, reizvoll durch Geist und Einfälle und Laune der Mutter verschönt. Schäferspiele, Maskeraden, musikalische Zusammenkünfte … In dem heiterbunten Gewimmel war einer gewesen, dessen Augen ihr folgten, wohin sie ging. Die Musik spielte das Tanzliedchen mit dem Kehrreim: „Der letzte Tag im Karneval." Doch ihr schien, als käme die Melodie von seinen Lippen, die lächelten. War dies nicht ihres Lebens schönste Stunde und war es nicht gestern gewesen? Alles andere war versunken. Nun war sie wieder hier, und jener, den sie gekannt hatte, wo befand er sich? Er war ein bezaubernder Tänzer gewesen. Wenn seine Augen baten, hatte sie ihre Hand in die seine gelegt. Hatte man ihn im Schloß von Hannover vergessen? Nie nannte jemand seinen Namen. Hatte er das Geschick ihrer Brüder geteilt? War gefallen, ertrunken, jung wie diese und tapfer? Oder ging ein düsteres Geheimnis um ihn wie um den schönen Grafen Königsmarck? War auch für ihn längst vielleicht schon der letzte Tag im Karneval gekommen? Sie griff an ihren Hals. Da war der Schmerz wieder. Er war schon lange da. Der Hals schien auch geschwollen. Aber das würde vergehen, die Heimatluft machte gesund. Sie lächelte. Die Jugend, die Jugend war das Schönste gewesen. Und heute würde sie das letzte

Fest in der geliebten Jugendheimat mitmachen. Nur … sie mußte ein wenig eilen, drüben tanzten sie schon, die Musik kam herüber, so leise, die Füße waren ihr schwer. Alles schien so fern, Lützenburg, Berlin, der König. Was er wohl sagen würde, wenn sie nie wiederkam?

„Fritz", flüsterte sie. Das schöne junge Gesicht ihres Sohnes neigte sich über sie. Aber nein, es war das angsterfüllte Gesicht der Oberhofmeisterin, der treuen Bülow.

„Eurer Majestät Hände sind sehr heiß", klang eine besorgte Stimme. Der Hals schmerzte zu sehr, sie konnte nicht antworten. Sie machte nur eine fragende Gebärde, wo war sie?

Es war später Abend und der letzte Tag des Karneval. Und sie war nicht im Ballsaal! Aber dahin wollte sie doch. Fern, fern sah sie eine Gestalt, die kam aus dem ewigen Jugendland. War er es, der sie lächelnd anblickte, der vielleicht, ihr unbewußt, sie begleitet hatte auf allen ihren Wegen … Ihr schwand das Bewußtsein. Die Wandlung, von der sie unzählige Male mit Leibniz gesprochen hatte, hatte für Sophie Charlotte begonnen. Aufschluchzend kniete Frau von Bülow an dem letzten Lager derjenigen, die stets die Wahrheit gesucht hatte.

Sophie Charlotte starb am 1. Februar 1705, in ihrem siebenunddreißigsten Lebensjahr. Tief betrauert von ihrem Gatten und ihrem Sohn.

Der König gab dem Schloß Lützenburg zum ewigen Andenken an seine Gemahlin den Namen „Charlottenburg".

Ernst August Herzog von Hannover ∞ Sophie		Louise Henriette von Nassau – Oranien	∞	Friedrich Wilhelm Kurfürst von Brandenburg	∞	Dorothea von Holstein Glücksburg
Sophie Charlotte von Preußen 1668 – 1705	∞ 1684	Friedrich III./I. 1657 – 1713	∞ 1679 ∞ 1708	Elisabeth Henriette von Hessen – Kassel Sophie Luise von Mecklenburg – Schwerin		Philipp Wilhelm 1669-1711 Maria Amalia 1670-1739 Albrecht Friedrich 1672-1731 Karl Philipp 1673-1695 Elisabeth Sophia 1674-1748 Dorothea 1675-1676 Christian Ludwig 1677-1734
	Friedrich Wilhelm I. 1688 - 1740					
		Marie Dorothea Prinzessin von Kurland 1684-1743			∞ 1703	